Radreiseführer

Der Berliner Mauerweg

Genussmomente und lohnenswerte Schlenker
für Reise-Radler und E-Bike-Entdecker

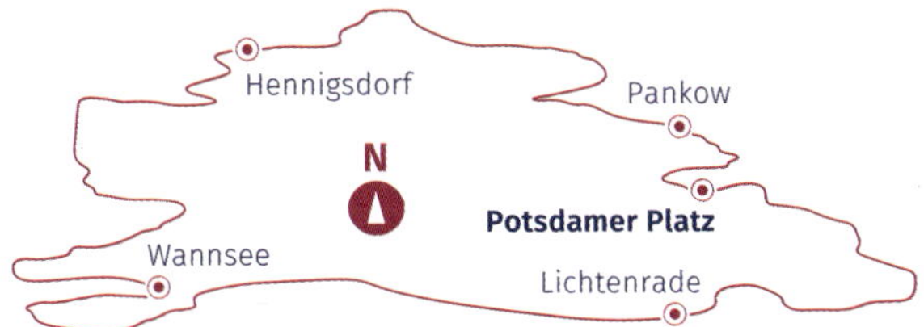

Der Berliner Mauerweg

Mit Rundtour Potsdamer Havelwelt

Lasse den Alltag hinter dir. Nimm dir die Zeit – Fahr los, um etwas zu erleben und schreibe es nieder. Erinnere dich an deine Reise, an die Natur, die Städte und die Menschen, mit denen du die Momente geteilt hast.

Hennigsdorf
Schildow
Tegel
Falkensee
Pankow
Spree
Spandau
Potsdamer Platz
Havel
BERLIN
Wannsee
Teltow
Schönefeld
Potsdam
Lichtenrade
N

Die Berliner Mauer

„Die Mauer wird auch in 50 oder 100 Jahren noch bestehen", das sagte DDR-Staatschef Erich Honecker am 19. Januar 1989 – gerade mal zehn Monate, bevor die Berliner Mauer nach 28 Jahren ihrer unheilvollen Existenz geöffnet wurde. Der Berliner Mauerweg kennzeichnet den rund 160 Kilometer langen Verlauf der Grenzsperre zwischen Ost- und Westberlin. Wer ihm mit dem Rad folgt, erlebt aber auch die „grünen" Seiten der deutschen Hauptstadt.

Das Herz der
Hauptstadt

Potsdamer Platz: Bis 1989 zog der Todesstreifen mittendurch, kurz darauf spielte dort Pink-Floyd-Bassist Roger Waters mit „The Wall" das größte Rockkonzert der Geschichte. Mittlerweile steht der Platz nahe dem Regierungsviertel für das „Neue Berlin". Von dort zieht der Berliner Mauerweg am Gelände der „Topografie des Terrors" und am einstigen Checkpoint Charlie vorbei zur Spree, weiter zum Teltowkanal und in den Südosten der Stadt. Dort bildet der Landschaftspark Johannisthal einen grünen Kontrast zum urbanen Leben.

Schlossglanz und
Seenzauber

Ein Königsweg – das ist doch ein Versprechen, wenn es nun zu den Potsdamer Villen weitergeht! Bald gabelt sich der Berliner Mauerweg: Radelt man nun der Havel entlang zum Großen Wannsee, der mit Hilfe der BGV-Fähre nach Kladow überquert wird – oder durch Potsdam und seiner Seenlandschaft, vorbei am berühmten Schloss Sanssouci? Da fällt die Wahl schwer, bevor sich die Radroute nach Norden wendet und den Groß Glienicker See ansteuert und schließlich den Spandauer Forst, eines der größten Berliner Waldreviere, durchquert.

Ab in die Mitte

Entlang dem Stadtrand radelt man nun dem nördlichsten aller Berliner Wasserparadiese, dem Hubertussee, entgegen. Weiter im Osten erreicht man dann den Köpchensee, an dem man einst Torf stach. Schließlich wendet sich der Berliner Mauerweg wieder nach Süden, wo sich seine nun sportlich erholten Benutzerinnen und Benutzer wieder ins urbane Leben stürzen. Durch den Mauerpark, eines der beliebtesten Freizeitareale der Stadt und vorbei an der Gedenkstätte Berliner Mauer erreicht man das Regierungsviertel und den Ausgangspunkt.

Vorfreude...

Mit dem Zweirad aufzubrechen und aus eigener Kraft entlang des Radfernweges Land und Leute, Kultur- und Naturschätze zu entdecken, ist ein unvergleichliches Erlebnis. Damit dies gelingt, geben dir die nächsten Seiten eine Einführung zum Buch, wertvolle Tipps sowie Erfahrungswerte von Profis zu Tourenplanung und Checklisten. Außerdem gibt es hilfreiche Infos zur Beschilderung entlang des Radweges und zur Wegequalität.

ZUM RADREISEFÜHRER
Alles über die Kapitel, zu Highlights, Schlenker, Wissenswertes und über das Roadbook im Detail... **S.14 – 17**

GPX-TRACK & TOURENPLANUNG
Alle Infos zum Download der Hauptroute und wie man seine persönliche Radtour optimal plant... **S. 18 & 19**

ANREISE MIT DEM ZUG
Umweltfreundlich, ohne Parkprobleme und zusammen mit Freunden. Alle Informationen... **S. 20 & 21**

EXPERTENTIPP
Erfahrungswerte, Spezielles zum Elektrorad und die Checkliste vor jeder Fahrt von den Profis... **S. 22 & 23**

EINGEPACKT
Erfahrene Radreisende folgen dem Grundprinzip „Weniger ist mehr“. Es gilt, den Spagat zwischen sinnvoller Ausrüstung und Gewicht bzw. Packvolumen zu meistern. Des Weiteren sollte systematisch und ausbalanciert gepackt werden. Es schafft Sicherheit und spart Zeit und Nerven. Die Checkliste...
S. 24 & 25

Zum Radreiseführer

Das Buch ist klar und einfach in zwei Teile gegliedert:
Reiseführer & Roadbook

Mit dabei sind eine große Extra-Karte und der GPX-Track zur Hauptroute des Roadbooks: ***www.kompass.de/gpx***

Der Reiseführer und die Extra-Karte für den nötigen Überblick zeigen dir das „Rundherum" des Weges und nicht nur den Asphalt unter den Reifen. Hier werden die Stationen des Radwegs charmant beschrieben. Die Einteilung in **„Kapitel"** dient der großräumigen Orientierung. Dabei handelt es sich nicht um Empfehlungen für Tagesetappen. Die Wahl des Fahrrades, mit oder ohne Motorunterstützung und konditionelle Unterschiede erfordern eine individuelle Etappenplanung.

Jedes Kapitel beginnt mit einem illustrierten Höhen- und Streckenprofil zur schnellen Orientierung. Die Beschreibung greift nach und nach den landschaftlichen Charakter und die Sehenswürdigkeiten entlang der Hauptroute auf und vermittelt auf diese Weise ein Gefühl für die Umgebung. Unterbrochen wird der Text durch farblich hinterlegte Infoboxen.

Wissenswertes über lokale und regionale historische, landschaftliche oder kulturelle Gegebenheiten wird an vielen Stellen in roten Infoboxen vermittelt.

Highlights am Wegesrand 1

Wissenswertes im Gepäck

Highlights am Wegesrand: Diese sind im Haupttext hervorgehoben und mit blauem Symbol durchnummeriert (siehe oben). Häufig wird das jeweilige Highlight zusätzlich in einer Infobox (mit der entsprechenden Symbol-Nummer) detailliert beschrieben. Soweit möglich wurden die Sehenswürdigkeiten mittels Symbol-Nummer in den Karten vom Roadbook verortet. Die Stadtpläne helfen bei der Orientierung an Ort und Stelle.

Lohnenswerte Schlenker: Neben den Highlights sind im Text auch abseits vom Radweg gelegene Sehenswürdigkeiten als Lohnenswerte Schlenker ausgewiesen. Denn häufig zahlen sich kleinere oder größere Abstecher von der Hauptroute aus, um interessante Orte und Geheimtipps fernab des Trubels für sich zu entdecken. Die Kennzeichnung im Text, in Infoboxen beziehungsweise im Roadbook erfolgt ebenfalls über die entsprechende Symbol-Nummer.

Roadbook: Detailkarten und exakte Wegbeschreibung

GPX-Track: die Hauptroute für die digitale Navigation

Extra-Karte: maximale Übersicht und Planungsinstrument

Das Roadbook enthält die Detailkarten zur Hauptroute im Maßstab 1:50.000 und die dazugehörige Streckenbeschreibung. Es ist an die aktuellen Bedingungen rund um die schönsten Radwege angepasst. Die mittlerweile gute bis hervorragende Beschilderung der beliebtesten Radwege sowie die häufig offiziell erhältlichen Radwege-Apps und digitalen Wegverläufe erlauben es, das Roadbook auf das Wesentliche zu reduzieren.

Linien: Stellenweise gibt es mehrere Varianten des Radwegs. Unsere Autoren haben die Schönste gewählt und diese als rote Linie dargestellt. Es ist möglich, dass diese Route punktuell von der offiziellen Hauptroute abweicht, um verkehrsreiche Abschnitte zu umfahren oder besondere Highlights an der Strecke aufzunehmen. Ausgewählte Varianten oder lohnenswerte Schlenker werden als grüne oder blaue Linie dargestellt. Maßstabsbedingt können nicht alle Abstecher von der Hauptroute im Roadbook abgebildet werden.

Wegpunkte: Der Bezug zwischen Text und Kartografie erfolgt über die Wegpunkte. Schwarze Kreise mit weißer Zahl beschreiben die Hauptroute, grüne beziehen sich auf Varianten und blaue Wegpunkte erläutern die Lohnenswerten Schlenker.

Kilometrierung: Die Hauptroute ist vom Start bis zum Ziel fortlaufend alle 5 Kilometer mittels weißer Kilometerangabe in rotem Kreis beschildert. Somit ist zu jedem Zeitpunkt die bereits zurückgelegte Strecke problemlos ablesbar und die Anschlusskarte schnell gefunden. Steigungspfeile entlang der Route markieren steilere Abschnitte.

Sehenswürdigkeiten: Die im Reiseführer beschriebenen Sehenswürdigkeiten, also die Highlights und Schlenker, sind im Roadbook mit blauem Symbol und weißer Nummer verortet. Darüber hinaus sind in den Karten viele weitere Sehenswürdigkeiten, Museen, etc. mit braunem Symbol markiert und beschriftet. Die vollständige Legende findet sich auf der hinteren Klappe.

Aktuelles: Hochwasser- oder baustellenbedingte Umleitungen sind in der Regel gut ausgeschildert und werden ebenso wie die aktuellsten Verkehrsinformationen, Hinweise und Sicherheitsmaßnahmen auf den offiziellen Seiten des Radwegs und der Touristinformationen kommuniziert. Hilfreiche Adressen und Kontakte finden sich auf den nächsten Seiten und bei den Reiseinfos im Anhang.

GPX-Track & Tourenplanung

Den GPX-Track zur Hauptroute des Roadbooks gibt es hier zum Download:

www.kompass.de/gpx

Für die Planung einer Radtour und der einzelnen Tagesetappen sollte man sich genügend Zeit nehmen. Mache dich mit deiner Tour vertraut und wähle deine persönlichen Highlights aus. Dort wirst du bestimmt mehr Zeit verbringen wollen. Mit großer Sicherheit wirst du auch unterwegs auf den einen oder anderen Ort treffen, an dem du ungeplant verweilen möchtest.

Ohne große Erfahrung mit mehrtägigen Radtouren sollte man eher kürzere Etappen einplanen. Wenn man sein Konditionslevel nicht kennt ist es hilfreich, vorab einzelne Tagesausflüge mit seinem beladenen Tourenrad zu unternehmen. Dabei sollte man möglichst ohne große Anstrengung fahren, da es auf die Ausdauer und nicht auf die Geschwindigkeit ankommt. So wird schnell klar, bei welcher durchschnittlichen Tages-Kilometer-Leistung die eigene Komfortzone liegt und was die Stärken und Schwächen des Rades und der Sitzposition sind. Des Weiteren gilt es regelmäßig Pausen einzuplanen und eventuell. einen Ruhetag an einem lohnenswerten Ziel.

Wie viele Kilometer schafft man? Pauschal kann dies nicht gesagt werden, da zu viele Faktoren eine Rolle spielen wie unter anderem die eigene Kondition, das Gepäck, die zu überwindenden Höhenmeter oder auch das Wetter. Starker Gegenwind kann die Durchschnittsgeschwindigkeit halbieren. Mit dem E-Bike kann die Distanz schnell um 20 bis 30 % oder sogar 50 % und mehr gesteigert werden. Eigene Probefahrten schaffen Gewisseit und helfen, die persönliche Durchschnittsgeschwindigkeit und eine realistische reine Fahrzeit exklusive Pausen für sich zu ermitteln. Damit ist die Tages-Kilometer-Leistung schnell berechnet. Die nachfolgende Auflistung zeigt Erfahrungswerte, also Tages-Distanzen in Abhängigkeit vom Konditionslevel für Radtouren in ebenem bis mäßig hügeligem Gelände und dient der groben Orientierung:

<30 km = relativ einfach (Anfänger und Etappen mit Kindern)
30–40 km = gemütlich (häufige Pausen und größere Gruppen)
40–50 km = durchschnittlich (ab 50 km sind Sportliche schon gut dabei)
50–80 km = erhöhte Kondition (bereits nach leichtem Training machbar)
80–120 km = gute Kondition (mit viel Gepäck benötigt man für 120 km den ganzen Tag)
> 120 km = sehr gute Kondition

Plan B: Sollte man sich bei der Etappenlänge verplant haben, so stehen häufig regionale Fahrradtaxi-Unternehmen, Fähren, Bus und Bahn zur Verfügung (Kontakt über Touristinformationen und die offizielle Radwegseite). Im Notfall kann immer eine alternative Unterkunft gewählt werden.

Anreise mit dem Zug

Umweltfreundlich, mit Freunden als Gruppe und ohne Stau. Mit genügend Vorlaufzeit und Planung gelingt die An- & Abreise per Zug problemlos. Die Frage, wie man nach der Radtour das am Start abgestellte Auto erreicht, stellt sich erst gar nicht. Informationen bieten die folgenden Adressen.

Zentrale Service-Hotline der DB:

0180 6 99 66 33

(20 Cent/Anruf aus dem Festnetz, Mobilfunk max. 60 Cent/Anruf)

Informationen zur Fahrradmitnahme, -versand und -miete. Sowie Buchung bzw. Reservierung von Tickets und Stellplätzen.

Zentrale Service-Hotline der ÖBB:

+43 (0)5 17 17

(Gebührenpflichtig. Die Höhe der Gebühr richtet sich ausschließlich nach dem jeweiligen Festnetz- oder Mobilfunkvertrag des Anrufers. Die ÖBB verrechnen keine zusätzlichen Kosten.)

Alle Informationen über die Mitnahme vom Fahrrad bei der Deutschen Bahn:
www.bahn.de/p/view/service/fahrrad/bahn_und_fahrrad.shtml

Tipps der DB, um die Bahnreise mit dem Fahrrad zu erleichtern:
www.inside.bahn.de/checkliste-fahrrad-mitnahme-bahn/

Informationen über die Fahrradmitnahme in den Zügen der Österreichische n Bundesbahnen:
www.oebb.at/de/reiseplanung-services/im-zug/fahrradmitnahme

Der ADFC informiert zu allen Themen rund ums Rad:
www.adfc.de

Tipp vom Experten

Die Profis von Diamant blicken auf eine über 135-jährige Geschichte zurück. Für uns haben sie das Wichtigste zusammengeschrieben, damit die Fahrradtour gelingt.

Checkliste vor jeder Fahrt:

- ✓ Lenker und Vorbau kontrollieren
- ✓ Laufräder prüfen (Reifendruck, Befestigung etc.)
- ✓ Bremsen testen (Bremsbelag, Scheiben, Felgen etc.)
- ✓ Kettenspannung überprüfen
- ✓ Sattel (Sitz) und Sattelstütze kontrollieren
- ✓ Federung prüfen und Wartungsintervall checken
- ✓ Beleuchtung und Reflektoren sicherstellen
- ✓ Rahmen und Gabel begutachten
- ✓ Akku beim Elektrorad prüfen
- ✓ Pannenset & Kompatibilität kontrollieren

Die Länge einer Tagesetappe hängt von vielen Faktoren ab. Insbesondere von der eigenen Kondition, der Motivation, den Wetter- und Wegebedingungen und natürlich auch von den Wegbegleitern. Greift man auf ein Elektrorad zurück, sind weitere Faktoren zu beachten. Es ist sowohl vor Antritt als auch während einer Fahrt schwierig, die Reichweite der Akkuladung exakt vorherzusagen. Allgemein gilt jedoch:
Bei gleichem Unterstützungslevel des E-Bike-Antriebs: Je weniger Kraft du einsetzen musst, um eine bestimmte Geschwindigkeit zu erreichen (z.B. durch optimales Benutzen der Schaltung), umso weniger Energie wird der Antrieb verbrauchen und umso größer wird die Reichweite einer Akkuladung sein. Je höher der Unterstützungslevel bei ansonsten gleichen Bedingungen gewählt wird, umso geringer ist die Reichweite.

Spezielles zum Elektrorad

- Ganz wichtig: Mach dir bewusst, dass andere Verkehrsteilnehmer womöglich nicht damit rechnen, dass ein Elektrorad schneller fahren kann als ein herkömmliches Fahrrad. Außerdem erhöht eine schnellere Geschwindigkeit das Unfallrisiko.
- Überlaste den hinteren Gepäckträger nicht. Die maximal erlaubte Zuladung des hinteren Gepäckträgers beträgt 20 - 25 kg.
- Reinige das E-Bike niemals mit einem Hochdruckreiniger. Die elektrischen Komponenten sind feuchtigkeitsempfindlich. Unter Hochdruck auftreffendes Wasser kann in Steckverbindungen und andere Teile des Elektrosystems eindringen.
- Akku vor längerer Nichtbenutzung auf bis etwa 60% aufladen (normalerweise 3 bis 4 LEDs der Ladezustandsanzeige). Nach 6 Monaten den Ladezustand prüfen. Leuchtet nur noch eine LED der Ladezustandsanzeige, Akku wieder auf bis etwa 60% aufladen.
- Es ist nicht empfehlenswert, den Akku dauerhaft am Ladegerät angeschlossen zu lassen.
- Wird der Akku längere Zeit in leerem Zustand aufbewahrt, kann er trotz der geringen Selbstentladung beschädigt und die Speicherkapazität stark verringert werden.

Eingepackt

Was muss mit? Diese Packliste beantwortet die Frage. Individuelle Anpassungen sind erforderlich, da jede Radreise einzigartig ist. Beutel und Packsäcke sorgen für Ordnung in den Packtaschen.

NAVIGATION
Kartenmaterial, Radreiseführer
Handy (Ladekabel, Akkus)
GPS-Fahrradcomputer (Ladekabel, Akkus prüfen)

ALLGEMEINES
Ausweise, Papiere, Telefonnummern
Reisedokumente
Bargeld / EC-Karte / Kreditkarte
Stift & Notizbuch
Stirnlampe / Taschenlampe (Ladekabel, Akkus prüfen)
Wasserdichte Schutzhüllen für Handy und Wertsachen
Powerbank (mobile Stromversorgung)

FAHRRADSPEZIFISCH
Tacho/Fahrradcomputer
Getränkeflasche / Schlauch-Trinksystem
Fahrradlicht vorne & hinten
Fahrradwerkzeug für Standardreparaturen & Flickzeug
Ersatzschlauch & Reifenheber
Luftpumpe, Lappen
Schloss
E-Bike-Ladegerät nicht vergessen!

NOTIZEN

KLEIDUNG & SCHUTZ
Tages- & Wechselkleidung
Gepolsterte Radunterhose
Leichte Isolationsjacke
Regenjacke und Regenhose
Schlafzeug, Badezeug
Radtourenschuhe
Wechselschuhe oder Sandalen
Sport-, Sonnenbrille (bruchsicher)
Helm (gesetzliche Helmpflicht in Österreich für Kinder unter 12 Jahren)
Unterhelmstirnband / -mütze
Schlauchtuch / Buff
Fahrradhandschuhe

REISEAPOTHEKE
Erste-Hilfe-Set (inkl. persönliche Medikamente)
Desinfektionsmittel, Mundschutz, Seife
Pflaster / Stretchverband
Sonnen- & Insektenschutz
Augentropfen
Ohrstöpsel

HYGIENE
Kulturbeutel (gepackt)
Duschgel & Shampoo
Zahnbürste & Zahnpasta
Reisehandtuch
Taschentücher

SONSTIGES
Ersatzbrille
Fotoapparat (Speicherkarte & Akkus prüfen)
Unterhaltung: Buch, Spielkarten, Zeitschrift…
Kopfhörer
Feuerzeug & Taschenmesser (mit Schere)
Spülmittel, Schwamm und Geschirrtuch
Campingausrüstung (falls erforderlich)
Geschirr & Besteck

Schilderwald...
Wegecharakter
Informationen

Die Beschilderung entlang des Radweges.

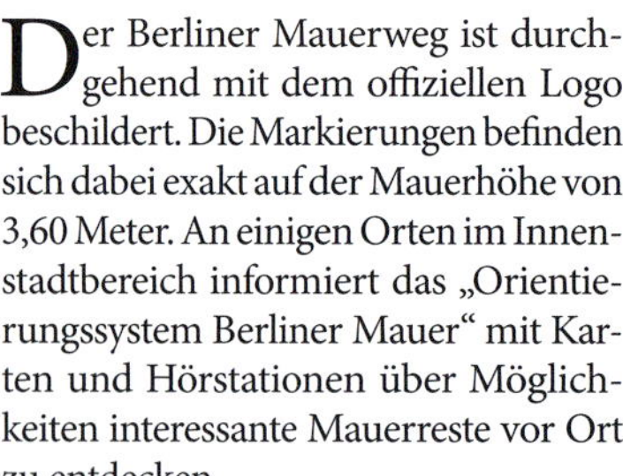

Der Berliner Mauerweg ist durchgehend mit dem offiziellen Logo beschildert. Die Markierungen befinden sich dabei exakt auf der Mauerhöhe von 3,60 Meter. An einigen Orten im Innenstadtbereich informiert das „Orientierungssystem Berliner Mauer“ mit Karten und Hörstationen über Möglichkeiten interessante Mauerreste vor Ort zu entdecken.

Die Wegequalität auf dem Berliner Mauerweg ist nahezu überall gut. Die Strecke ist größtenteils asphaltiert, stellenweise aus Schotter oder historischen Betonplatten bestehend. Höher frequentierte Abschnitte existieren im Innenstadtbereich. Außerhalb verläuft der familienfreundliche und überwiegend ebene Weg häufig am Wasser und durch ruhige Grüngebiete.

Die Mitnahme von Fahrrädern ist in S-, U- und Regional-Bahnen grundsätzlich möglich. Bis auf wenige Ausnahmen (U-Bahnhof „Potsdamer Platz“, S-Bahnhof „Warschauer Straße“) sind alle Bahnhöfe behindertengerecht zugänglich.

Das Call-Center der BVG informiert unter 030-19449 über die Abfahrtszeiten der Züge.

Informationen:

BerlinOnline Stadtportal GmbH & Co. KG
Alte Jakobstraße 105
10969 Berlin
Tel.: 01806 / 23 27 00
Fax.: 01805 / 00 28 97
E-Mail: Info@Berlin.de
www.berlin.de/mauer/mauerweg

Tourismusverband Dahme-Seen e.V.
Bahnhofsvorplatz 5
15711 Königs Wusterhausen
Tel.: 03375-252025
Fax: 03375-252011
www.reiseland-brandenburg.de/poi/ruppiner-seenland/radtouren/mauerweg

AktuelleStreckeninformationen:
www.berlin.de/mauer/mauerweg

Der Berliner Mauerweg

Teil 1

Reiseführer

Potsdamer Platz
Lichtenrade
N
40 km
hm 54 Abstieg
66 Aufstieg

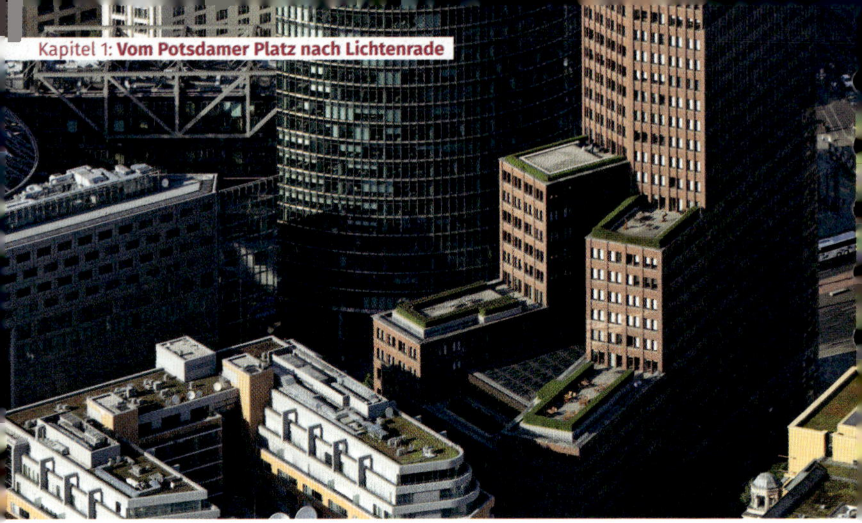

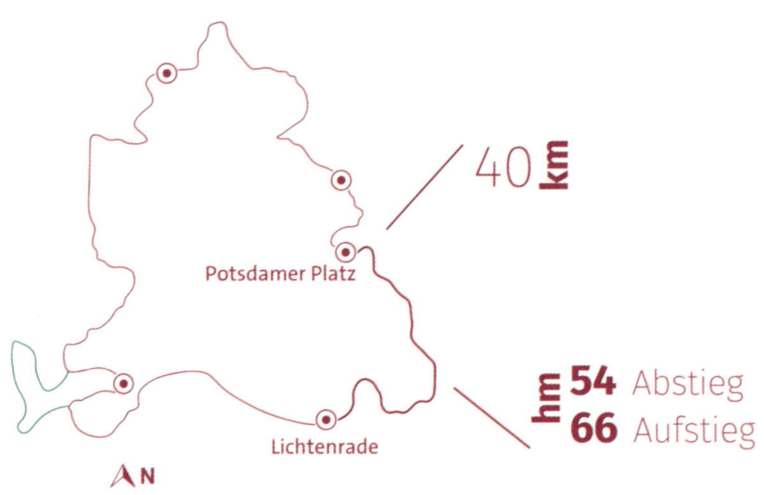

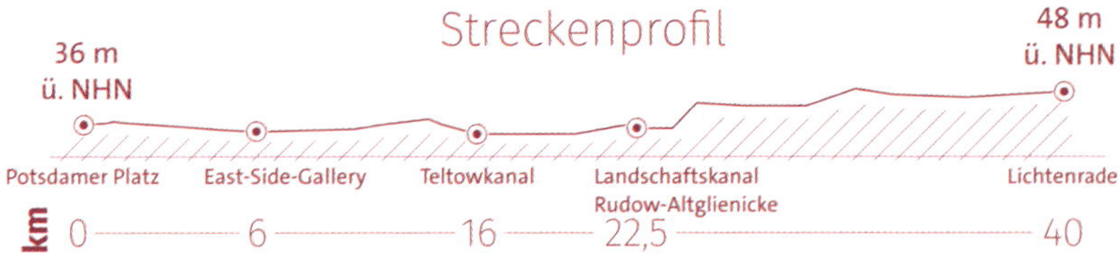

Streckenprofil
36 m ü. NHN
48 m ü. NHN
Potsdamer Platz
East-Side-Gallery
Teltowkanal
Landschaftskanal Rudow-Altglienicke
Lichtenrade
km 0
6
16
22,5
40

Topographie des Terrors

Der Mauerweg beginnt im Zentrum des „neuen“ Berlin, wo die ehemals geteilten Stadthälften zusammengewachsen sind, am **Potsdamer Platz und Leipziger Platz** 1. Am Potsdamer Platz ist noch ein Teil der Mauer zu sehen und am Leipziger Platz das **Spionagemuseum** 2. Gleich am Eck zur Niederkirchnerstraße steht der **Gropius-Bau** 3, eines der bedeutendsten Ausstellungshäuser Europas, gegenüber das **Abgeordnetenhaus** 4 von Berlin.

Besser nachvollziehbar wird die Grenzsituation in der Niederkirchner- und Zimmerstraße an der rund 200 Meter langen Originalmauer. „Mauerspechte“ haben der Mauer stark zugesetzt. Die Souvenirjäger haben sich am schnellen Abriss des verhassten Bauwerks beteiligt. Dahinter das Haus des **Dokumentationszentrums „Topographie des Terrors“** 5. Es war zwischen 1933 und 1945 Sitz der Gestapo und Sitz der Reichsführung-SS. Schon ist der **Checkpoint Charlie** 6 erreicht. Dort registrierten alliierte Posten ab dem 22.9.1961 die Angehörigen der amerikanischen, britischen und französischen Streitkräfte vor ihrer Fahrt nach Ost-Berlin. Nostalgie garantiert das **Trabi-Museum** 7 direkt am Checkpoint.

Gleich daneben steht die Gedenksäule, die an den grausamen Tod von **Peter Fechter** erinnert. Über die Kommandantenstraße, dort residiert die Bundesdruckerei, kommt man zu den Gartenanlagen des Peter Joseph Lenné am **Luisenstädtischen Kanal** 8. Mit Blick über das Engelbecken erkennt man die **St.-Michael-Kirche**. Das kunterbunte Baumhaus am Engeldamm ist auch nicht zu übersehen.

Schon geht es über die Spree. Am Stralauer Platz steht wieder ein Mauerrest, als Vorbote der **East-**

Highlights am Wegesrand

1 Potsdamer Platz und Leipziger Platz

Am Puls Berlins in den Goldenen Zwanzigern

Er war der verkehrsreichste Verkehrsknoten Europas mit S- und U-Bahnanschluss, 26 Straßenbahn- und fünf Buslinien. Täglich überquerten 20.000 Autos den Platz und am Potsdamer Bahnhof wurden rund 83.000 Reisende gezählt. Das „Grand-Hotel Bellevue" und das „Palast-Hotel" eröffneten noch vor der Jahrhundertwende; der „Fürstenhof" folgte 1907, dann das „Esplanade". Es war Treffpunkt internationaler Stars wie Charly Chaplin oder Greta Garbo. Der Potsdamer Platz wurde zu einem Zentrum bürgerlichen Amüsements. Legendäre Etablissements wie der Vergnügungspalast „Haus Vaterland", der „Ufa-Filmpalast" und der „Europa-Tanz-Pavillon" prägen bis heute die Vorstellungen der Goldenen Zwanziger in Berlin.

Nach der Potsdamer Konferenz wurde am 21. August 1948 der Grenzverlauf zwischen dem sowjetischen Sektor und den angrenzenden Westsektoren mit einem Strich auf dem Asphalt markiert. Mit dem Bau der Mauer 1961 wurde der Platz für 28 lange Jahre geteilt und zum Grenzgebiet mit dem breitesten Todesstreifen Berlins. Fast alle Gebäude, die innerhalb des Niemandslandes standen, wurden abgerissen. Nach der Wiedervereinigung wurden die Grundstücke des Potsdamer Platzes vom Berliner Senat an die damalige Daimler Benz AG veräußert. Grob unterteilt entstanden dann das Sony Center und ein Häuser-Ensemble renommierter Architekten. Unter dem Zeltdach des Sony Centers gibt es ein Kino und das Filmmuseum mit der Dauerausstellung über den Weltstar aus

Berlin, Marlene Dietrich. In nur 20 Sekunden zur Aussichtsplattform und zum rundum verglasten Café im 25. Stock am Potsdamer Platz 1. Oben gibt es einen traumhaften Blick über Berlin.

2 Das Deutsche Spionagemuseum am Leipziger Platz

Im Schattenreich der Spionage

Den Besuchern stehen modernste Technologien zur Seite, um die raffinierten und zum Teil skurrilen Methoden von Agenten und Geheimdiensten aufzudecken.

Nach dem Ende des Zweiten Weltkriegs entwickelte sich Berlin während des Kalten Krieges zur unumstrittenen Hauptstadt der Spione. Nirgendwo trafen die damaligen Großmächte so unmittelbar aufeinander. In den 1950er Jahren dienten DDR-Bürger als Infoquelle. Sie wurden zu Vorgängen in ihrer alten Heimat befragt.

Amerikanern und Briten gelang es mit dem Bau eines 450 Meter langen Tunnels wichtige Telefonkabel auf dem Gebiet der DDR anzuzapfen. Auch die Sowjets spionierten. Das Tunnel-Projekt mit dem Namen „Operation Gold" wurde frühzeitig enttarnt.

Mit dem Bau der Mauer wurde die Spionage durch Menschen deutlich schwerer. Die „Field Station Berlin" auf dem Teufelsberg wurde errichtet. Eine Abhöranlage, durch die amerikanische und britische Geheimdienste mit modernster Technik weit in die Staaten des Warschauer Paktes hineinhorchen konnten. Zu den besonders spannenden Kapiteln zählt auch der Agentenaustausch auf der Glienicker Brücke. Dreimal wurden hier hochrangige Spione auf spektakuläre Art und Weise ausgetauscht.

Doch auch heute noch bewegen sich in Berlin zahlreiche Agenten. Auch der Bundesnachrichtendienst, der deutsche Auslandsgeheimdienst, hat sein neues Hauptquartier in der Mitte Berlins.

Öffnungszeiten:
Mo. – So. 10–20 Uhr.

3

Der Gropius-Bau

Ort kreativer Produktion und Ausstellung

Ein renommiertes Ausstellungshaus von europäischem Rang, das mit zeitgenössischen und archäologischen Ausstellungen seinen internationalen Ruf begründet. Mit dem Programm „Artist in Residence" kommen Künstler in den Gropius Bau zurück. Anknüpfend an die Geschichte des Hauses als Kunstgewerbemuseum mit zahlreichen Ateliers und Werkstätten, wird der Gropius-Bau wieder zu einem Ort der künstlerischen Kreation und Produktion.
Das Haus wurde von Martin Gropius in enger Zusammenarbeit mit Heino Schmieden erbaut und 1881 als Kunstgewerbemuseum eröffnet.

Öffnungszeiten:
Mi. – Mo. 10–19 Uhr,
Di. geschlossen.

4 Das Abgeordnetenhaus von Berlin

Schauplatz von Auseinandersetzungen zwischen Demokratie und Diktatur

Bis 1918 tagte hier die bürgerliche Kammer des Preußischen Abgeordnetenhauses und 1933 der zum letzten Mal nach der Weimarer Verfassung gewählte Landtag. Ab 1949 war das Gebäude Sitz der ersten DDR-Regierung, der Staatlichen Plankommission und Abhörstandort der „Stasi".

Nach der Wiedervereinigung beschließt das Westberliner Abgeordnetenhaus, seinen Sitz vom Rathaus Schöneberg in den ehemaligen Preußischen Landtag zu verlegen. Seit 1993 tagt hier das Parlament, beschließt Gesetze, wählt den Regierenden Bürgermeister und kontrolliert die Regierung von Berlin.
John F. Kennedy hielt am 26. Juni 1963 auf dem Platz vor dem Rathaus Schöneberg seine berühmte Rede, bei der er das historische Bekenntnis „Ich bin ein Berliner" abgab.

Eine Dauerausstellung im Haus zeigt einen Überblick über die historischen Ereignisse seit der Eröffnung des Preußischen Landtages im Jahre 1899 und skizziert die gesellschaftliche und politische Entwicklung in Preußen, in Deutschland und in Berlin von der Mitte des 19. Jahrhunderts bis in die Gegenwart.

Öffnungszeiten:
Mo. – Fr., außer an Feiertagen, 9–18 Uhr.

5 Dokumentationszentrum „Topographie des Terrors"

Mit über einer Million Besuchern im Jahr gehört die „Topographie des Terrors" zu den meistbesuchten Erinnerungsorten in Berlin. Ein historischer Geländerundgang zu 15 Stationen auf dem Areal hinter dem Mauersegment ergänzt die eigentliche Ausstellung.

Informationspulte mit Fotos, Dokumenten und 3D-Grafiken zeigen die Geschichte des Areals, auf dem sich von 1933 bis 1945 mit dem Geheimen Staatspolizeiamt (Gestapo), der Reichsführung-SS, die von Heinrich Himmler geführte Schutzstaffel, und dem Reichssicherheitshauptamt, die wichtigsten Institutionen des nationalsozialistischen Apparates befunden hatten.

Bundespräsident Horst Köhler nannte es einen „außerschulischen Lernort für junge Menschen, eine Auseinandersetzung mit der Vergangenheit." Ein 200 Meter langes Stück original Berliner Grenzmauer steht an der Niederkirchner Straße auf dem Gelände des Dokumentationszentrums Topographie des Terrors.

Öffnungszeiten:
täglich 10–20 Uhr.

6 Der Checkpoint Charlie und die Souveränität der DDR

Der Checkpoint erhielt seinen Namen nach dem Nato-Alphabet. Die alliierten Streitkräfte erreichten Berlin über den Checkpoint A (Alpha) bei Helmstedt, Checkpoint B (Bravo) bei Drewitz und Checkpoint C (Charlie) an der Friedrichstraße, dem Übergang von West- nach Ost-Berlin.

Am 25. Okt. 1961 ließ ein US-General an der Friedrichstraße die Muskeln spielen und am Checkpoint Charlie Panzer auffahren. Amerikanische Militäreskorten erzwangen mehrfach an einigen Tagen davor den Zugang zum Ost-Sektor. Das DDR-Innenministerium hält dagegen und an seinem Erlass fest, dass US-Militärs in Zivil zu kontrollieren sind. Es kommt zur Machtprobe. General Clay lässt auffahren. Auch die britischen Alliierten bringen in ihrem Sektor, im Tiergarten, Panzer in Stellung. So wurde der Checkpoint Charlie zum bekanntesten innerstädtischen Kontrollpunkt.

In unmittelbarer Nähe befindet sich das Mauermuseum, Museum Haus am Checkpoint Charlie, das in der Friedrichstraße ein Remake des ersten Wachhauses der Alliierten aufstellen ließ.

7 Trabi-Museum

Nostalgie pur

Rund 80 Prozent der DDR-Bürger fuhren einen Tabant. Rennpappe wurde der Volkswagen der DDR liebevoll genannt. Das Trabi-Museum Berlin widmet sich diesem Zweitakter und seiner Geschichte. Ausgestellt sind Raritäten wie der Trabant P70 mit Holzfahrgestell und der Rennsport-Trabi. Gezeigt wird auch ein Trabi mit Camping-Zelt auf dem Dach, in dem die Besitzer auf Urlaubsreisen schlafen konnten.

Öffnungszeiten:
Täglich 10–18 Uhr.

8

Luisenstädtischer Kanal und die Katholische Kirche St. Michael

Mitte des 19. Jahrhunderts wächst Berlin nach Süden. Am Köpenicker Feld entsteht, wenn man so will, eine Trabantenstadt. Die ersten Skizzen zur neuen „Luisenstadt“ entstanden bereits 1834. Im Auftrag von König Friedrich Wilhelm IV. legte Peter Joseph Lenné 1840 den Plan „Projektierte Schmuck- und Grenzzüge von Berlin mit nächster Umgebung“ vor, in dem der Luisenstädtische Kanal ein städtebauliches Herzstück bildete. So der Plan. Mangelnde Nutzung und Gestank durch geringe Durchflutung führten dann 1926 zur Stilllegung des Wasserweges. Er wird zugeschüttet und zu einem lang gezogenen Garten. Dem Berliner Stadtgartendirektor Erwin Barth wurde die Planung übertragen. Barth gelang es, den Lennéschen Kanal in eine Abfolge von Schmuck-, Lehr- und Spiel-Gärten zu gestalten. An den Wasserweg erinnerte nur noch das Engelbecken, jetzt Schmuckteich, und die Brücke im Verlauf der Waldemarstraße.

Die Bewohner der neuen Luisenstadt, benannt nach der Gemahlin Luise von König Friedrich Wilhelm III., sollten auch eine Kirche bekommen. 1837 stellt der Staat auf Erlass König Friedrich Wilhelms IV. den Bauplatz auf dem Köpenicker Feld zur Verfügung. Sofort begannen die Planungen und 1851 erfolgte die Grundsteinlegung. Friedrich Wilhelm IV. hatte zuvor die Michaelstraße nach dem Erzengel Michael benannt und brachte die Baukommission zu dem Entschluss, auch die Kirche unter das Patrozinium des Erzengels Michael zu stellen. Zehn Jahre später weihte der Fürstbischof von Breslau in Anwesenheit des Königs die Kirche St. Michael.

Side-Gallery (9). 118 Künstler aus 21 Ländern bemalten dort auf 1,3 Kilometer die Mauer, machten sie zur weltberühmten Open-Air-Gallery und bewahrten sie damit vor dem Abriss.

Wenig später geht es auf der schönsten Brücke Berlins, so wird erzählt, der **Oberbaumbrücke** (10), über die Spree zurück nach „Westberlin". Hier gab es den ehemaligen Grenzübergang Oberbaumbrücke, an dem zwei Maueropfer zu beklagen sind. Durch die Schlesische Straße radelt man zum Landwehrkanal. Dahinter, im Schlesischen Busch, stehen noch ein Wachtturm und zugehörige Mauerreste. Erst einmal geht es am Landwehrkanal entlang und dann zur Kiefholzstraße. Hier erinnert eine Stele an sechs Maueropfer. Am Anfang des Grünzuges Heidekampgraben wurde ein Denkmal für die Maueropfer im Bezirk Treptow aufgestellt.

Der Grünzug führt zur Sonnenallee, auch ein ehemaliger Grenzübergang. Erst nach dem Fall der Berliner Mauer im November 1989 ist der Grenzübergang durch den Film „Sonnenallee" über Berlin hinaus bekannt geworden. Am Britzer Zweigkanal steht das **Denkmal von Chris Gueffroy,** der

„Nichts ist vergleichbar mit der einfachen Freude, Rad zu fahren."

John F. Kennedy

Wissenswertes im Gepäck

Peter Fechter

Der Schießbefehl war sein Tod

Eine Stele ersetzt heute das einfache Holzkreuz und eine Pflastermarkierung weist zum Ort, an dem Peter Fechter am 17. August 1962 starb.

Er ist von Grenzsoldaten der DDR erschossen worden, als er mit einem Arbeitskollegen versuchte, die Mauer nach West-Berlin zu überwinden. Schwer verletzt lag er im Grenzstreifen an der Mauer. Während der schwer verletzte Jugendliche laut um Hilfe schreit, rührt sich auf Ost-Berliner Seite lange Zeit nichts. DDR-Grenzsoldaten wollten nicht helfen, West-Berliner Polizei durfte nicht. Auch die Posten der West-Alliierten am Checkpoint Charlie sahen es nicht als „unser Problem" an. Erst eine Stunde später wurde er von DDR-Grenzsoldaten hinter einer Nebelwand verborgen abtransportiert. Sein Kollege konnte die Mauer unverletzt überwinden. Eine Welle der Empörung löste der qualvolle Tod von Peter Fechter in aller Welt aus. Sein Tod wurde zum Symbol für die Unmenschlichkeit des DDR-Grenzregimes.

Der Gedenkort ist an der Zimmerstraße 26.

Highlights am Wegesrand

9 East-Side-Gallery

Street Art an der Berliner Mauer

Im Februar 1990 beginnt die Bemalung des 1.316 m langen Stückes Berliner Mauer. 118 Künstler malten 106 Bilder an die Mauer und machten sie zur East-Side-Gallery. Sie verkünden von der Freude über den Fall der Mauer und der Beendigung des Kalten Krieges in Europa. Ein Jahr später wird das Kunstwerk unter Denkmalschutz gestellt. Seither sind die Bilder der Willkür der Besucher und der Witterung ausgesetzt. Zum 20. Jahrestag des Falls der Mauer 2009 wurden Mauer und Bilder saniert. Dazu wurden alle Künstler eingeladen, von Kani Alavi bis Ulrike Zott, um ihre ursprünglichen Motive zu restaurieren. Sie erstrahlen heute wieder. Der Verein

„Künstlerinitiative East-Side-Gallery“ setzt sich seit 1996 für den Erhalt der Bilder ein, Alle Künstler, die 1990 ein Bild an die Mauer malten, sind Mitglied des Vereins.

10 Oberbaumbrücke

Oben läuft der Verkehr, darunter die Fußgänger

Berlin rühmt sich mehr Brücken zu haben als Venedig. Die wohl schönste Brücke Berlins wurde 1896 gebaut. Otto Stahn schuf ein Bauwerk, das einer Burg der Mark Brandenburg ähnelt. Die beiden Spitzen der 34 Meter hohen Türme tragen die Reliefs des Berliner Bären und des Brandenburgischen Adlers.

Über sie führt nicht nur der Straßenverkehr, sondern auch Berlins älteste U-Bahnlinie. Mit einer „Ministerfahrt“ wurde sie 1902 eröffnet und verkehrte zwischen dem Stralauer Tor und dem Potsdamer Platz. An beiden Ufern hat sich heute die Berliner Popkultur angesiedelt. Unzählige Clubs und Diskotheken locken die Szene an. In der Media-Spree auf dem Gelände des einstigen Osthafens ist die Musik- und Modebranche zu Hause.

Einst patrouillierten die DDR-Grenzboote auf der Spree, heute blickt man zu den Treptowers der Allianz Versicherung und zum 30 Meter hohen Molecule Man des Künstlers Jonathan Borofsky. Die Berliner interpretieren die Figur mit den Worten: „Versicherungsvertreter streiten sich um einen Neukunden“.

Wissenswertes im Gepäck

Denkmal an Chris Gueffroy

Irrtum und Tod

„Von 1961 bis 1989 verlief an diesem Ufer die Berliner Mauer. Hier wurde am 5. Februar 1989 der zwanzigjährige Chris Gueffroy, geb. am 21.6.1968, getötet. Er war der letzte Flüchtling, der erschossen wurde, als er versuchte, die DDR-Grenzanlagen zu überwinden." So lautet die Inschrift auf der Stele am Britzer Zweigkanal.

Die Stele liefert indirekt die Begründung, warum es hier wohl noch eine Britzer-Allee-Brücke gibt, aber keine Britzer Allee mehr. Seit 2010 heißt sie Chris-Gueffroy-Allee.

Der 20-jährige Chris sollte zur Nationalen Volksarmee eingezogen werden. Er weigerte sich und damit scheiterten seine Berufspläne. Das Gefühl, eingesperrt zu sein, nicht selbst bestimmen zu dürfen, wohin man reisen, wie man sich entwickeln möchte, blieb. Er wurde Kellner und lernte an der Berufsschule Christian Gaudian kennen.

Die beiden beschlossen zu fliehen. Sie hatten gehört, dass der Schießbefehl aufgehoben sei. Nachdem sie „Hinterlandmauer" und Signalzaun überwunden hatten, wurden die jungen Männer von DDR-Grenzsoldaten entdeckt. „Etwa 40 Meter von Chris Gueffroy entfernt geht ein Grenzsoldat in die Hocke und schießt Einzelfeuer auf seine Füße; er trifft auch, doch der Getroffene steht unter Schock und zeigt keine Reaktion. Da hält der Schütze höher an. Mit dem Rücken zum Zaun wird Chris Gueffroy ins Herz getroffen. Er sackt zusammen und stirbt innerhalb weniger Minuten." Auch sein Freund wird durch einen Schuss ins Bein schwer verletzt. So wird der Verlauf der Flucht an der Gedenkstätte Berliner Mauer geschildert.

mit einem Freund durch den Britzer Zweigkanal fliehen wollte. Er war der letzte Flüchtling, der von Grenzsoldaten der DDR vor dem Mauerfall erschossen wurde.

Zwischen Teltowkanal und Autobahn radelt man zur Stubenrauchstraße. An der Massantebrücke starben weitere zwei Menschen bei der Flucht aus der DDR. Mit der Autobahn wechselt man die Uferseite des Teltowkanals und gelangt an die Rudower Höhe, ein 28 Meter hoher Trümmerberg. Danach erinnert eine Infotafel an den Spionagetunnel der Amerikaner Richtung DDR.

Nächster Halt ist der Grenzübergang Waltersdorfer Chaussee. Heute führt die Chaussee zum Flughafen Berlin-Schönefeld bzw. Berlin-Brandenburg. Ab hier erkennt man an der Topografie den Verlauf der Mauer. Rechts die Stadtsilhouette, links Wiesen und Felder. Von der Spitze des „Dörferblicks“,

Wissenswertes im Gepäck

Die Gropiusstadt

Hochhäuser neben Wiesen und Felder

Wohnen mit Licht, Luft und Sonne, so das ursprüngliche städtebauliche Konzept von Walter Gropius aus den 1950er Jahren.

Es kam ganz anders. Aus Kostengründen und wegen des Wohnraummangels nach dem Mauerbau wurde das Konzept nicht verwirklicht. Die Häuser wiesen statt drei Stockwerke nun bis zu 30 Etagen auf und die geplanten üppigen Grünflächen mussten in der Realität Schulen, Kitas, Supermärkten und Parkplätzen weichen. Nicht knapp 15.000, sondern mehr als dreimal so viele Menschen benötigten Wohnraum. Als die letzten Häuser 1975 fertig sind leben rund 50.000 Menschen in der Trabantenstadt am südlichen Berliner Stadtrand.

Zum Richtfest für das Ideal-Hochhaus 1968 kam Walter Gropius das letzte Mal nach Berlin. Der gebürtige Berliner starb ein Jahr später im Alter von 86 Jahren in Boston, Massachusetts.

In das Licht der Öffentlichkeit rückte die Gropiusstadt noch einmal 1981, als der deutsche Spielfilm „Christiane F. – Wir Kinder vom Bahnhof Zoo" in die Kinos kam. Der Film erzählt das Leben von Christiane Felscherinow aus Berlin-Gropiusstadt.

Ein Quartiermanagement hat den Stadtteil inzwischen aufgewertet. Die „Gropius Passagen" sind heute das größte Einkaufszentrum Berlins, 180 Geschäfte, 2.500 Arbeitsplätze und eigener U-Bahnhof.

der ist immerhin 86 Meter hoch, tut sich ein fantastisches Panorama auf. Weiter auf dem Kolonnenweg an den Rand der **Gropiusstadt**, Stadtkante mit Hochhäusern, vom berühmten Bauhaus-Architekten Walter Gropius erbaut. Hier gab es einst die Großdeponie Großziethen, auf der Westberliner Müll in der DDR abgeladen wurde.

Hinter der Gartenstadt Großziethen biegt man Richtung Süden ab nach Lichtenrade. Die Stadtkante nutzten einige DDRler zur Flucht. Vergeblich, wie die Stelen erzählen. Am Kirchhainer Damm steht wieder ein Mauerdenkmal als Erinnerung an den Grenzübergang Mahlow. Man quert dort die B96 und folgt der Bahnlinie zum S-Bahnhof Berlin-Lichtenrade.

Essen, Trinken & Durchatmen

Ein kulinarischer Abzweig

essenza
Küche: ***italienisch***
Spezialität: ***Tonno rosso del mediterraneo grigliato***
Preis: ***mittel***
Übernachtungsmöglichkeit: ***nein***

Ristorante essenza
Potsdamer Platz 1
10785 Berlin
Tel. +49 30 25796856
www.ristorante-essenza.de

Curry at the Wall
Küche: ***kleine Gerichte***
Spezialität:
Original Berliner Currywurst
Preis: ***günstig***
Übernachtungsmöglichkeit: ***nein***

Curry at the Wall Berlin Mitte
Zimmerstraße 100
10117 Berlin
Tel. +49 1763 2445872
www.curry-at-the-wall-berlin-mitte.com

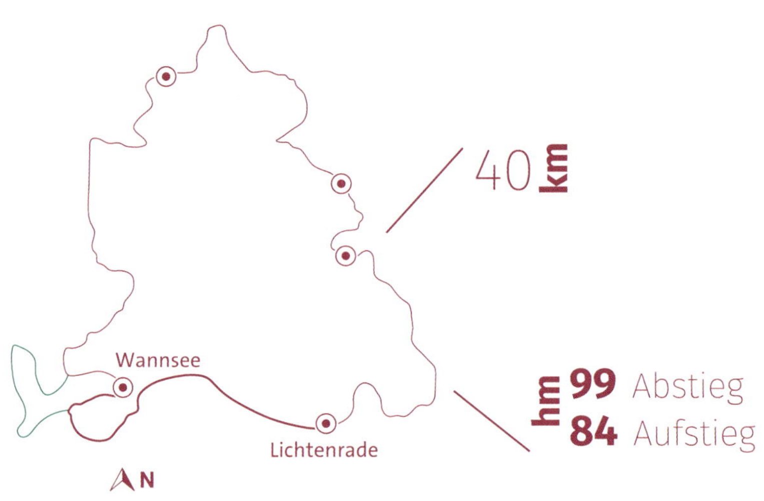

Wannsee
Lichtenrade
N
40 km
hm 99 Abstieg
84 Aufstieg

Streckenprofil
48 m
ü. NHN
33 m
ü. NHN
Lichtenrade
Kirschblütenallee
Checkpoint Bravo
Glienicker Brücke
Wannsee
km
0
11
20,5
29
40

Stadtkante, Schlösser und Seen

Der schöne Süden Berlins ruft. Vom S-Bahnhof Berlin-Lichtenrade fährt man nach Süden zur Stadtgrenze. Auf dem Postenweg der DDR-Grenztruppen fährt man an der Siedlung Waldblick vorbei und biegt wenig später scharf rechts ab nach Marienfelde. Rechts die Stadt und der Freizeitpark Marienfelde, links die weiten Felder; Stadtkante. Immer geht es der Stadtkante entlang zur Osdorfer Straße. Hier steht noch ein Rest der Berliner Mauer. Am Japaneck beginnt die prachtvolle **Kirschblütenallee** 11. Im Frühjahr erblüht hier ein Meer rosaroter Kirschblüten an mehr als 1.000 Kirschbäumen. Ein Kirschblütentraum am Mauerweg. In Lichterfelde fuhr die erste **„Elektrische" Straßenbahn** der Welt, wie die Berliner sagten.

Am Teltowkanal biegt man links ab und erreicht die Knesebeckbrücke. Der **Teltowkanal** 12 war oftmals Schauplatz von Fluchtversuchen. Daran erinnern dort einige Stelen. Hier wechselt man die Uferseite und wendet sich am Buschgraben durch den Grünzug nach Norden. Am Buschgrabensee folgt man der Neuruppiner Straße zur Buschallee. Auch hier stehen wieder Stelen, die von Schicksalen erzählen.

Kurz nach Berlin hinein zum Königsweg. Nach links, und am Waldfriedhof Zehlendorf entlang, führt der Mauerweg an die Autobahn. Hier war einmal der Grenzübergang Drewitz-Dreilinden für den Transitverkehr zwischen Westberlin und Westdeutschland. Auf dem Weg parallel zur Autobahn kommt man am **Panzerdenkmal** 13 vorbei. Die **Erinnerungsstätte „Checkpoint Bravo"** 14 im Europarc-Dreilinden erzählt dann die Geschichte des Grenzkontrollpunktes. Aber erst einmal am Stahnsdorfer Damm über die Autobahn zum Europarc-Dreilinden zur

Highlights am Wegesrand

11 Die TV-Asahi-Kirschblütenallee

Blütenmeer am Todesstreifen

Ende April, Anfang Mai verwandelt sich der ehemalige Grenzstreifen zwischen Teltow und dem Berliner Ortsteil Lichterfelde in ein duftendes rosa-weißes Blütenmeer. Dann erblühen für etwa drei Wochen über 1.000 Kirschbäume, die auf rund zwei Kilometer den Mauerweg säumen. Dann wird in Teltow das Kirschblütenfest gefeiert, das Hanami. In Japan läutet das Fest den Frühling ein. Die Kirschblüte, japanisch Sakura, steht in Japan für Schönheit und Vergänglichkeit.

Japaner brachten das Fest und die Bäume in die Stadt. Aus purer Begeisterung über den Fall der Mauer im November 1989 beteiligten sich rund 20.000 Menschen an der Spendenaktion für die Kirschbaumpflanzung, die der japanische TV-Sender Asahi ins Leben gerufen hatte.

Durch diese sensationelle Aktion stehen nun hier am Mauerstreifen und an weiteren Orten an der ehemaligen Mauer fast 10.000 japanische Kirschbäume. Die Kirschbäume wurden im Zeitraum von 1990–2010 gepflanzt.

Natürlich lohnt sich ein Besuch besonders zur Zeit der Kirschblüte.

Der Teltowkanal

Wirtschaftsfaktor und Grenzbarriere

Am 22. Dezember 1900 begann mit einem Spatenstich in Babelsberg das Großprojekt des damaligen Kreises Teltow und seines Landrats Ernst von Stubenrauch, der Bau des Teltowkanals. Der Kanal verband die Spree mit der Havel im Süden von Berlin, quer durch den Kreis Teltow. Kaiser Wilhelm II., der mit Familie und auf der kaiserlichen Jacht „Alexandria“ am 2. Juni 1906 zur feierlichen Eröffnung kam, bewies Weitblick, als er dem Teltowkanal eine Bedeutung zumaß, die „weit über das Gebiet des nächstbeteiligten Kreises hinausragt“.

Wenige Jahre nach der Inbetriebnahme der 38 Kilometer langen Schifffahrtsstraße veränderte sich die Landkarte rund um die Hauptstadt des Kaiserreichs. Mit der Bildung Groß-Berlins im Jahr 1920 lag ein großer Teil des Wasserweges auf

Berliner Gebiet. Die soziale und wirtschaftliche Bedeutung des Teltowkanals war enorm. Er schaffte die Voraussetzungen für das Wachstum der südlichen Berliner Bezirke und der Vorstädte. Industriebetriebe siedelten sich an, Häfen wurden gebaut. Der Bauboom, von dem Berlin und seine Vororte erfasst wurden, war ohne den Transport von Baumaterialien auf dem Teltowkanal kaum zu schaffen gewesen.

Bald stellt sich heraus, dass der Kanal den Schiffsverkehr nicht bewältigen konnte. Die damals üblichen langsamen Schleppkähne wurden durch Treidellokomotiven ersetzt. Zur Unterhaltung der Wasserstraße, des Treidelbetriebs und zur Wartung der Lokomotiven richtete die Teltowkanal-Bauverwaltung in Schönow einen Bauhafen und Bauhof ein, aus dem 1924 die Teltow-Werft hervorging.

Nach dem Mauerbau markierte der Teltowkanal die deutsch-deutsche Grenze. Sie verlief zum Teil genau in der Mitte der Wasserstraße, andere Abschnitte des Kanals lagen dagegen entweder in ganzer Breite auf dem Gebiet der DDR oder West-Berlins. Ketten und Gitter, die quer über das Wasser gespannt waren, versperrten den Weg.

Mehrmals versuchten DDR-Bürger, die Wasserbarriere schwimmend zu überwinden. Einige von ihnen starben im Kugelhagel der Grenzsoldaten und ertranken.

Inzwischen verbindet der Teltowkanal wie in alten Zeiten Potsdam und Berlin.

13 Das Panzerdenkmal

Ein Symbol des Sieges

Auch wenn kein sowjetischer Panzer mehr auf dem Sockel steht, hat sich die Bezeichnung „Panzerdenkmal“ gehalten. Heute steht dort eine Kunstinstallation, eine rosa lackierte Schneefräse von Eckhard Haisch.
Das Panzerdenkmal in Berlin-Zehlendorf erinnert an die Gefallenen der Panzerarmee des Generals Dmitri D. Leljuschenko während des Zweiten Weltkriegs. Der Standort wurde trefflich gewählt. Er teilte symbolisch die einstige territoriale Größe des Deutschen Reiches auf der nationalsozialistische Reichsstraße 1, die 1.392 Kilometer lange Verbindung von Aachen nach Königsberg. Auf den Marmorsockel stellten die Sowjets am 17. Oktober 1945 einen T34, den „Stalin-Panzer“.

14 Die Erinnerungsstätte „Checkpoint Bravo“

Wenn ein Tatort zum Lernort wird

Checkpoint Bravo, so nannten die Westalliierten die Grenzübergangsstelle Drewitz-Dreilinden. Das SED-Regime hatte dort 1969 eine technisch ausgefeilte und militärisch hoch gesicherte Anlage gebaut. Zuvor wurde die alte Autobahn, die bei

Albrechts Teerofen, eine Westberliner Enklave, nochmals Westberliner Gebiet durchschnitt, auf durchgehend DDR-Gebiet verlegt. Von der Grenzübergangsstelle blieb nach ihrem Abriss 1993 nur der Kommandantenturm erhalten, einst Führungspunkt des Grenzregiments „Walter Junker“. Seit 2007 dient der restaurierte Turm dem Checkpoint Bravo e.V. als Ausstellungs- und Veranstaltungsort im Europarc-Dreilinden in Kleinmachnow. Die Geschichte der Grenzübergangsstelle Drewitz macht das eigentliche Ziel der DDR-Machthaber deutlich. Durch eine perfekte Überwachung und mit rücksichtslosen Methoden sollte die Flucht von Menschen aus der DDR verhindert werden. Anschaulich wird dies in der Dauerausstellung „FREUNDwärts – FEINDwärts“ und entlang des Grenzlehrpfades erzählt.

Im Winter ist der Turm geschlossen. Das Freigelände ist offen zugänglich.

Wissenswertes im Gepäck

Lichterfelde

und die erste „Elektrische“ Straßenbahn der Welt

Die erste Tram der Welt fuhr in New York. Sie war eine Kutsche auf Gleisen von Pferden gezogen. 1881 ging im Berliner Stadtteil Lichterfelde die erste elektrische Straßenbahn der Welt auf Jungfernfahrt, eine der bedeutendsten Innovationen von Werner von Siemens. Die 2,5 Kilometer lange Strecke verband die Station Lichterfelde mit der Preußischen Hauptkadettenanstalt. Heute ist dort das Bundesarchiv. Vom ersten Tag an ist die Bahn ein großer Erfolg. Allein in den ersten drei Monaten beförderte sie 12.000 Fahrgäste.

Dieser Meilenstein der Elektromobilität entstand jedoch ganz anders als geplant. Bereits 1880 bemühte sich Werner von Siemens um Konzessionen für elektrische

Hochbahnen in der Berliner Friedrichstraße und der Leipziger Straße. Die Stadtverwaltung von Berlin verweigerte jedoch die Konzession. Der zuständige Minister Albert von Maybach erklärt sich aber bereit, eine ebenerdige Versuchsstrecke außerhalb der Stadt, im südlich von Berlin gelegenen Vorort Lichterfelde, zu genehmigen. So entsteht, eher aus Verlegenheit, die erste elektrische Straßenbahn der Welt.

Lohnenswerte Schlenker

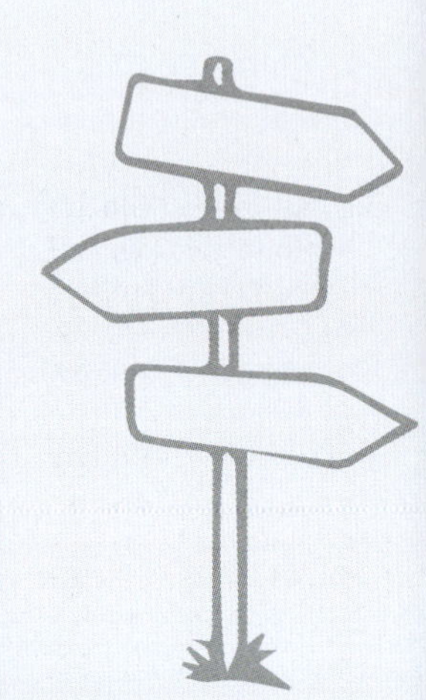

15 Schloss Babelsberg

Englische Neugotik in Preußens Arkadien

Schloss und Park Babelsberg an der Grenze von Berlin zu Potsdam sind Weltkulturerbe und beliebtes Ausflugsziel.

Majestätisch thront inmitten einer Hügellandschaft am Ufer der Havel Schloss Babelsberg. Der Architekt Karl Friedrich Schinkel begann ab 1833 mit dem Bau einer Sommerresidenz für den Prinzen Wilhelm von Preußen, später Kaiser Wilhelm I. und seiner Gemahlin Prinzessin Augusta von Sachsen-Weimar. Als Prinz Wilhelm Thronfolger wurde, ließ er sein Schloss vergrößern und engagierte die Architekten Ludwig Persius und Johann Heinrich Strack. Mehr als fünfzig Jahre diente Babelsberg dem Paar als Sommerresidenz. Wilhelm und Augusta nahmen regen Anteil an der Gestaltung und Einrichtung ihrer Sommerresidenz. In den 1860er bis 1880er Jahren war Babelsberg einer der wichtigsten Orte des gesellschaftlichen und politischen Lebens Preußens, das mit der Kaiserproklamation 1871 seinen Höhepunkt fand.

Park Babelsberg trägt die Handschrift der Gartengestalter Peter Joseph Lenné und Fürst Pückler-Muskau. Hoch oben auf dem Hügel steht der Flatowturm. Von seiner Spitze bietet sich ein fantastischer Rundumblick über Potsdam. Von Mitte Mai bis Mitte Oktober an Wochenenden geöffnet. Es gibt einen schönen Spazierweg durch den Park zum Maschinenhaus, kleinem Schloss, Matrosenhaus, Siegessäule usw.

Die im neugotischen Stil gestalteten Wohnräume von Königin Augusta und Wilhelm I. können besichtigt werden.

Wissenswertes im Gepäck

Jagdschloss Glienicke

Wechselvolle Verwendung

Einst für den Großen Kurfürsten Friedrich Wilhelm von Brandenburg errichtet, ließ es Friedrich I. 1701 verschönern, bevor es dann der Soldatenkönig Friedrich Wilhelm I. als Lazarett für sein Garderegiment verwendete.

Friedrich der Große schenkte es 1763 dem Wachstuch- und Tapetenfabrikanten Isaac Levin Joel, der dort Wachstuchtapeten produzierte. 1827 kam das Jagdschloss in die Hände von Wilhelm von Türk, der daraus 1832 ein Waisenhaus machte. 1859 ließ Prinz Karl von Preußen das Schloss für seinen Sohn Friedrich Karl umbauen. Nach dem Zweiten Weltkrieg war es Jugendherberge. Zuvor allerdings war ein Teil des Ufa-Fundus ins Schloss ausgelagert worden. Heute ist es Sitz einer sozialpädagogischen Fortbildungsstätte.

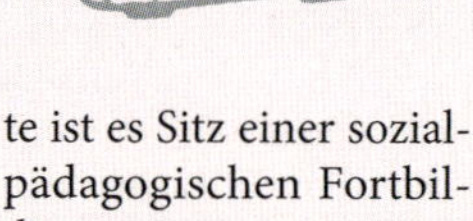

Erinnerungsstätte „Checkpoint Bravo“ und dann hinein in den Forst Düppel.

Dort stößt man wieder auf den Königsweg. Er führt links zu einer Brücke mitten im Wald. Sie überspannt die ehemalige Bahnlinie der Friedrichsbahn. Dort biegt man links ab auf die ehemalige Trasse der Transitautobahn nach West-Berlin. Wieder quert man den Teltowkanal zu Albrechts Teerofen hin. Man folgt dem Kremnitzufer nach Kohlhasenbrück an den Griebnitzsee. Dort am Ufer steht auch noch ein Stück Berliner Mauer. Jetzt folgt man dem Griebnitzsee zur Parkbrücke am Park Babelsberg. Im Park erhebt sich majestätisch **Schloss Babelsberg** 15, jenseits der Brücke, in Klein Glienicke, das **Jagdschloss Glienicke**. Hinter der B 1 liegen **Schloss Glienicke** 16 und die Orangerie.

Schloss Glienicke

Farbenpracht im Schloss

Inspiriert durch seine Italienreisen verwirklichte Prinz Carl von Preußen mitten in der „märkischen Streusandbüchse“ seinen Traum von einer italienischen Villa in südlich anmutender Landschaft.

Dafür erwarb er 1822 gegenüber vom Park Babelsberg Landgut Glienicke, das Anwesen von Fürst Hardenberg. Unter der Regie von Karl Friedrich Schinkel entstand 1828 der Traum im italienischen Landhausstil. Der Mittelpunkt im Inneren des Schlosses ist der Rote Saal. Aber auch der grüne Salon, das türkise Schlafzimmer der Prinzessin, das Marmorzimmer und die tiefblaue Bibliothek bestechen durch ihre Schönheit. Sie sind perfekte Kulisse für die Gemälde, die Kronleuchter und das Mobiliar. Alles fügte Schinkel harmonisch zueinander. Der Park Glienicke entsprach ganz dem Geschmack des Prinzen. Diesen Pleasureground hatte der Gartenkünstler Peter Joseph Lenné schon für den Vorbesitzer, Karl August Fürst von Hardenberg, geschaffen. Aber erst mit Prinz Carl erhielt das fürstliche Anwesen sein heutiges Gesicht, ein Musterstück klassizistischer Gartenkunst.

An den Wochenenden finden im Schloss Konzerte statt unter dem Titel „Kammermusik durch die Jahrhunderte“. Das Hofgärtnermuseum im Westflügel des Schlosses präsentiert Wissen und Wirken der preußischen Hofgärtner. Dokumente und Ausstellungsstücke aus dem Besitz der Hofgärtner illustrieren die Facetten gärtnerischer Arbeit; Vom Planzeichnen und vermessen bis zur Blumenkultur.

Seit 1990 gehört das Ensemble zum Weltkulturerbe.

Öffnungszeiten: 1. April bis 31.Okt., von Di. – So. 10–17.30 Uhr; 1. Nov. bis 31. März, Sa. und So. von 10–16 Uhr.

Wissenswertes im Gepäck

Agentenaustausch an der Glienicker Brücke

Anwalt Wolfgang Vogel, der Mann für heikle Aktionen

Die Glienicker Brücke war wie gemacht für einen Agentenaustausch. Sie lag relativ abgeschieden vom Berliner Tagesgeschehen und war für den normalen Grenzverkehr gesperrt.

Am 10. Februar 1962 um 8.44 Uhr überquerten zwei Männer wenige Minuten nacheinander die Brücke, der eine in Richtung Westen, der andere nach Osten. Gary Francis Powers, Spion des US-Geheimdienstes CIA, und Rudolf Iwanowitsch Abel, Spion des sowjetischen Geheimdienstes KGB. Beide Männer mussten eine Markierungslinie überschreiten, die die zwei Machtblöcke Ost und West voneinander trennte. Der Ostberliner Anwalt Wolfgang Vogel war mit den Verhandlungen betraut worden.

1985 der zweite Tausch. Gleich 27 Agenten wechselten am Mittag des 11. Juni 1985 die Seiten. Und wieder spielte der Anwalt Wolfgang Vogel eine entscheidende Rolle in den Verhandlungen.

23 in Polen und in der DDR inhaftierte Spione der CIA warteten auf der Ostseite der Brücke darauf, in einem Bus Richtung Westen gebracht zu werden. Vier Agenten der östlichen Geheimdienste wurden im Gegenzug freigelassen.
Das letzte Zusammentreffen zwischen West und Ost fand 1986 statt. Diesmal war es Anatoli Schtscharanski, ein russischer Bürgerrechtler

und Kritiker des Sowjetregimes, der getauscht wurde. Schtscharanski war 1978 wegen „antisowjetischer Agitation“ und „Landesverrates“ zu 13 Jahren Arbeitslager verurteilt worden. Durch seine Frau erfuhr die Öffentlichkeit von Schtscharanskis Schicksal.
Hunderte Journalisten fanden sich an der Brücke ein und machten den Tausch zu einem Medienspektakel. Zusammen mit dem Bürgerrechtler wurden drei westliche Agenten freigelassen. Im Gegenzug durften ein russischer Computerspezialist und vier Ost-Agenten nach Hause fahren.

Wolfgang Vogel war es, der sie auf ihrem Weg über die Brücke begleitete.

Highlights am Wegesrand 17

Forsthaus Moorlake

Ein Geschenk im alpenländischen Stil

An einer tief eingezogenen Bucht der Havel steht das Forsthaus Moorlake. Es war ein Geschenk von König Friedrich Wilhelm IV. zu Ehren seiner aus Bayern stammenden Gemahlin Elisabeth. Friedrich Ludwig Persius erbaute es 1841 in typisch alpenländischen Stil. Es passte hervorragend in eine Epoche, in der in Preußen den „Mythen von unberührter Bergwelt, vom Naturschönen und Unbeherrschbaren" Ausdruck verliehen wurde.

Im oberen Geschoss gab es einen Salon mit Aussicht auf die Havel, der der Königlichen Familie vorbehalten war.

Das historische Wirtshaus Moorlake liegt auf dem Weg zwischen Glienicker Brücke und Pfaueninsel, mit Biergarten, Havelblick und gutem Essen.

Die B1 führt an den Schauplatz des Kalten Krieges. An der **Glienicker Brücke** tauschten Sowjets und Amerikaner ihre Spione aus. Hier biegt man zum Schlossgarten ab und radelt am Ufer der Havel zum Fähranleger Krughorn mit der Fähre nach Sacrow, zum Schloss und zur Heilandskirche.

Dann gelangt man zum **Wirtshaus Forsthaus Moorlake** 17, dem beliebten Ausflugsziel der Berliner und Potsdamer im bayerischen Stil. Das nächste Ziel ist jedoch das Wirtshaus an der Fähre zur **Pfaueninsel** 18. Auf der Insel baute sich König Friedrich Wilhelm II. ein Lustschloss. Die Zimmer sollten Südsee-Exotik widerspiegeln.

Wer hier auf den Nikolskoer Weg abbiegt – der kleine Abstecher lohnt auf jeden Fall – kommt zum **Blockhaus Nikolskoe** und zur **Kirche St. Peter und Paul** 19. Heimisch fühlen sollte er sich, der russische Schwiegersohn des Preußenkönigs Wilhelm III., Nikolaij. Das rustikale Blockhaus diente als Ausflugsdomizil der königlichen Familie. Ein russisches Bauernhaus diente als Vorbild.

Nun zurück und auf der Pfaueninselchaussee durch den Düppeler Forst nach Wannsee. Entlang der Königstraße kommt man an die Wannseebrücke. Dahinter geht es links zum S-Bahnhof Berlin-Wannsee.

Lohnenswerte Schlenker

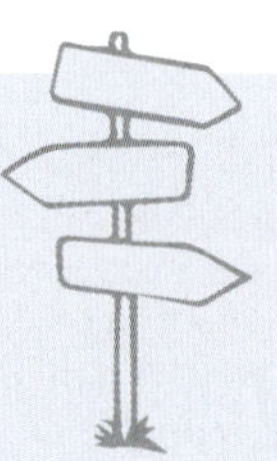

18

Die Pfaueninsel

Ein romantisches Eiland

Die Insel in der Havel hat ihren Namen von den freilaufenden Pfauen, die für Besucher schon mal ein Rad schlagen. Sie ist ein 67 Hektar großer Landschaftspark und steht seit 1990 gemeinsam mit den Schlössern und Parks von Sanssouci in Potsdam und mit dem Schloss Glienicke in Berlin auf der UNESCO-Welterbe-Liste.

Der Große Kurfürst ließ auf der Insel einst eine Kaninchenzucht anlegen. 800 Kaninchen erbrachten 200 Taler pro Jahr für die kurfürstliche Kasse. Grund genug sie Kaninchenwerder zu nennen.

1685 vermachte der Kurfürst dem Glasmacher Johannes Kunckel die Insel „erb- und eigentümlich" zum Geschenk. Er sollte die in Brandenburg eingeführte Glasherstellung auf der Insel vervollkommnen. Im Jahr 1689 brannten die Glashütte und das Laboratorium bis auf die Grundmauern nieder, Kunckel war wirtschaftlich ruiniert.

Das weithin sichtbare weiße Märchenschloss auf der Pfaueninsel wurde zur Sommerresidenz der Königlichen Familie. Friedrich Wilhelm III., König von Preußen, vergnügte sich dort mit seiner Familie. Das Schloss prägen zwei runde Türme, verbunden durch eine filigrane schmiedeeiserne Brücke. Die halben Zinnen deuten eine Ruine an, denn Ruinen waren in der Romantik Ende des 18.Jahrhunderts beliebt. Das Äußere ist nur eine Illusion, die Wände sind nicht aus weißem Marmor, sondern aus bemaltem Holz. Die Innenausstattung ist kostbar und offenbart den ehemals herrschaftlichen Geschmack.

Die Gartenlandschaft gestaltete 1821 Berlins großer Gartenkünstler Peter Joseph Lenné.

In der kunstvollen Gartenlandschaft finden sich noch viele andere Gebäude, wie zum Beispiel der Luisentempel, das Schweizerhaus, die Voliere, die Alte Meierei im Stil einer Klosterruine und das Kavaliershaus. Dies diente in den 1960er Jahren als Kulisse für Edgar-Wallace-Filme, wie „Die Tür mit den sieben Schlössern", „Neues vom Hexer" oder „Der Hund von Blackwood Castle".

Die Fähre verkehrt in der Regel alle 15 Min.
März: 9–18 Uhr,
April: 9–19 Uhr,
Mai bis Aug.: 9–20 Uhr,
Sept.: 9–19 Uhr.

Öffnungszeiten
Schloss: April bis Okt.,
Di. – So. 10–17.30 Uhr.
Meierei: April bis Okt.,
Sa. und So.
10–17.30 Uhr.

Lohnenswerte Schlenker

19 Blockhaus Nikolskoe und Kirche St. Peter und Paul

„Auf dieser stillen Höhe sammelt sich gern, wie von selbst, das Gemüt: Es wird ihm wohl und hier möchte man Hütten bauen." So schrieb einst der Hofbiograf Friedrich Eylert. Gemeint war Nikolskoe. König Friedrich Wilhelm III. ließ dann dort seine Hütte bauen, ein russisches Blockhaus. Inspiriert hatte ihn seine Reise 1818 zu seiner Tochter, Prinzessin Charlotte, und deren Gemahl, den Großfürsten und späteren Zaren Nikolaus in St. Petersburg. Zum Kastellan machte er einen gebürtigen Russen mit Namen Ivan Bockow.

König Friedrich Wilhelm III. überraschte mit dem Blockhaus seine Tochter und seinen Schwiegersohn 1820 an deren Berlinbesuch. Der Name Nikolskoe geht wohl auf diesen Besuch zurück und bedeutet wörtlich „Das Nikolai Gehörende".

Die schlichte beschauliche Kirche St. Peter und Paul, mit ihrem romantischen Ambiente, ließ König Friedrich Wilhelm III. auf Anregung seiner Tochter Charlotte, der Zarin Alexandra Fjodorowna, Ehefrau von Nikolaus I. errichten. Es sollte eine „gewissermaßen" russische Kirche werden. Das eher strenge Schlichte des Inneren der Kirche steht in Kontrast zu dem auf malerische Fernwirkung bedachten Äußeren. Sie ist das einzig original erhaltene Beispiel einer sogenannten Berliner Vorstadtkirche, eines Bautyps, der von Karl-Friedrich Schinkel entwickelt worden war. Am 13. August 1837 wurde die Kirche eingeweiht. Es erging ein Einladungsschreiben an „Sämtliche Bewohner der königlichen Pfaueninseln". Ein wunderschönes Glocken-

spiel rief damals die Bewohner zum Gottesdienst. Heute erklingt ein neues, zu jeder vollen Stunde bis Sonnenuntergang. Das Blockhaus ist heute ein romantisches Gasthaus und die Kirche steht jedem offen.

Essen, Trinken & Durchatmen

Ein kulinarischer Abzweig

Carpe Diem
Küche: ***italienisch***
Spezialität: ***Gänsebrust***
Preis: ***gehoben***
Übernachtungsmöglichkeit: ***nein***

Carpe Diem
Lichterfelder Ring 129
12209 Berlin
Tel. +49 30 7113644
www.carpediem-lichterfelde.de

Erfrischungshalle
Küche: ***Coffee & Lunch***
Spezialität: ***Lunchpakete***
Preis: ***mittel***
Übernachtungsmöglichkeit: ***nein***

Erfrischungshalle
Rudolf-Breitscheid-Straße 201
14482 Potsdam
Tel. +49 331 74095421
www.erfrischungshalle.de

Die Konferenz der

30 **km**

hm **120** Abstieg
120 Aufstieg

Streckenprofil

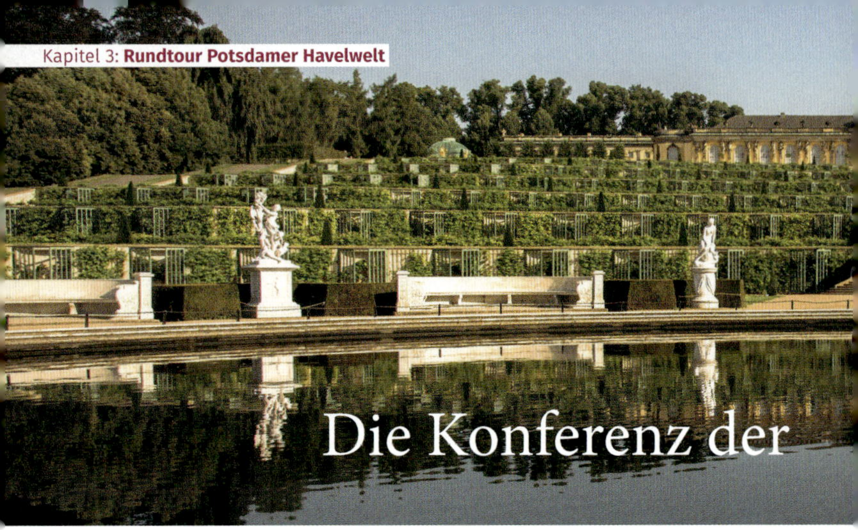

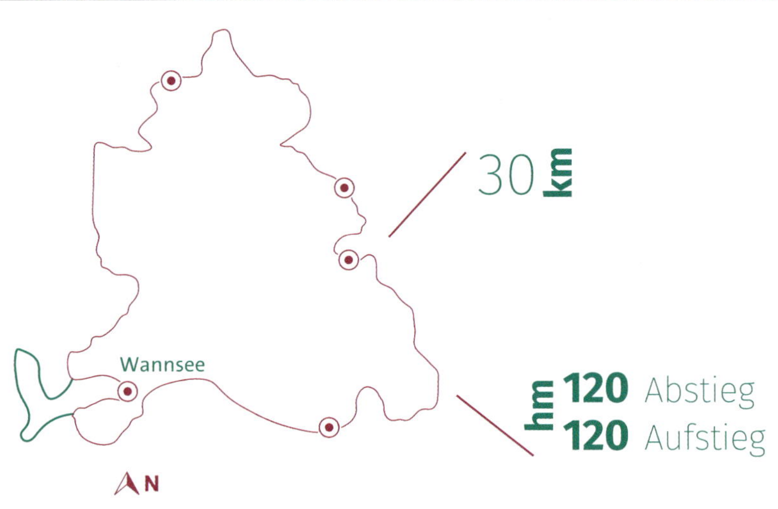

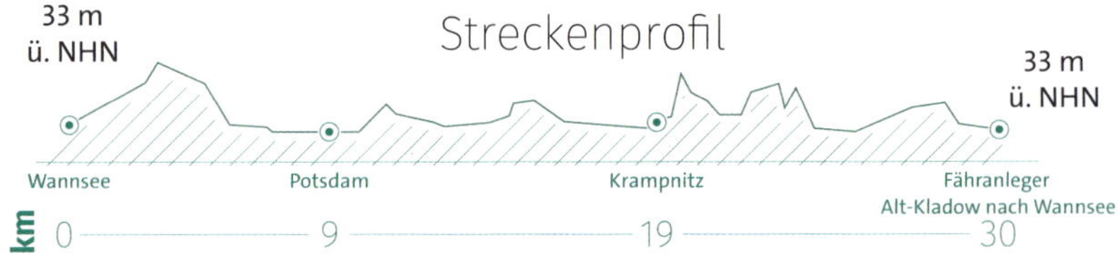

Siegermächte

S-Bahnhof Berlin-Wannsee über Potsdam und Alt-Kladow zum S-Bahnhof Berlin-Wannsee

Am S-Bahnhof Berlin-Wannsee gab es zu DDR-Zeiten einen Grenzübergang für Bahnreisende im Transitverkehr. Heute steigt man hier aus, um Wald und Wasser zu genießen. Gegenüber der Ronnebypromenade, am Wannseeufer, haben Segel- und Yachtclubs ihre weitläufigen Anlegestellen. Noch einen Blick über den Wannsee und schon geht es über die Wannseebrücke zur Königstraße. Dort, wo dann die Siedlung endet, zweigt rechts die Pfaueninselchaussee ab. Hier biegt man ein und radelt quer durch den Düppeler Forst zum Wirtshaus „Zur Pfaueninsel", bei dem die Fähre zur Pfaueninsel ablegt. Die Insel ist eines der beliebtesten Ausflugsziele der Berliner. Einst hieß die Insel Kaninchenwerder. Friedrich Wilhelm II. züchtete hier Kaninchen. Heute leben hier freilaufende Pfauen und einige Wasserbüffel als natürliche Rasenmäher.

Wer sich noch das Blockhaus Nikolskoe und die Kirche St. Peter und Paul anschauen möchte, biegt vor dem Wirtshaus in den Nikolskoer Weg ein. Wenig später ist man schon am russischen Ensemble.

Aber nun zurück und vom Fähranleger aus, am Ufer der Havel entlang, zum Forsthaus Moorlake. Ein gemütliches Wirtshaus mit gelegentlichen Literaturlesungen. Weiterhin folgt man der Havel und gelangt zur Fähre nach Sacrow, zur Heilandskirche und Schloss. Dahin kommt man später. Also weiter zum Denkmal Große Neugierde an der Glienicker Brücke.

Über die Glienicker Brücke, die DDR-Regierung nannte sie „Brücke der Einheit", geht es nach Potsdam. Das erste Haus am Weg ist die **Villa Schöningen**

Highlights am Wegesrand 20

Villa Schöningen

Weiße Villa an stählerner Brücke

Direkt vor der Tür verlief die innerdeutsche Grenze und auf der stählernen Glienicker Brücke wurden Agenten zwischen Ost und West ausgetauscht. Die Dauerausstellung in der Villa ist ganz der Zeit zwischen 1961 bis 1989 gewidmet.

Zusätzlich werden temporäre Ausstellungen zeitgenössischer Kunst gezeigt, die die Themen der innerdeutschen Teilung und des Kalten Krieges aufgreifen. Der historische Garten wird im Sommer für Skulpturenausstellungen genutzt. Und es gibt ein Museumscafé, das zum Verweilen einlädt. Das Weiße Haus im italienischen Villenstil wurde für Hofmarschall Kurd Wolfgang von Schöning erbaut. Anno 1843 vergab der Preußenkönig Friedrich Wilhelm IV. den Auftrag an Ludwig Persius zum Bau der Villa.

20 , heute ein Museum mit Kunstwerken zur Maueröffnung.

Ein kurzes Stück geht es am Jungfernsee entlang, bevor man zum Heiligensee abbiegt. Auf der Fahrt entlang der Kurfürstenstraße und Hegelallee kommt man zum **Jägertor** 21 und gelangt geradewegs zu den **Schlössern**

im Park Sanssouci 22. Das Besucherzentrum befindet sich an der Historischen Mühle.

Auf dem Voltaireweg und durch den „Neuen Garten" geht es zurück an den Jungfernsee zum Schloss Cecilienhof. Aber nicht ohne vorher am **Marmorpalais** 23 am Heiliger See gewesen zu sein. Eine Sommerresidenz aus schlesischem Marmor. Auf **Schloss Cecilienhof** 24 trafen sich am 17. Juli 1945 die Siegermächte zur **Potsdamer Konferenz**. An einem runden Tisch im Durchmesser von 3 Metern diskutierten Harry S. Truman für die USA, Winston Churchill für Großbritannien und Josef Stalin für die UDSSR über die Zukunft Deutschlands. Dort wurde nicht die Spaltung Deutschlands

Potsdam und die

Potsdam stand eigentlich immer im Blickpunkt deutscher Geschichte.
Residenz- und Garnisonsstadt preußischer Könige, Hof-, Militär- und Behördenstadt. Hier tagte 1933 das erste Mal der Reichstag mit Adolf Hitler und in der Potsdamer Konferenz berieten 1945 die Siegermächte über das Schicksal Deutschlands.
Aus der DDR-Bezirkshauptstadt wurde nach der Wende die Hauptstadt des Landes Brandenburg.
„Das Eyland muss ein Paradies werden", schrieb 1664 Johann Moritz von Nassen-Siegen in Bezug auf Potsdam dem Großen Kurfürsten. Friedrich Wilhelm von Brandenburg wollte in der wunderschönen Seenlandschaft eine zweite Residenz bauen. Fachleute waren im Dreißigjährigen Krieg viele gefallen. Da kam das von ihm erlassene Toleranzedikt gerade recht. Dies erlaubte seinen französischen Hugenotten, sich in Brandenburg niederzulassen.
Niederländer siedelten an Elbe, Havel und Oder, führten die modernsten Methoden von Obst- und Gemüseanbau und der Milchwirtschaft ein, und 1668 war der Friedrich-Wilhelm-Kanal fertiggestellt, der Oder und Spree miteinander verband. Kurz gesagt: Die Hohenzollern riefen Holländer und Hugenotten und machten Potsdam zu einer großartigen Stadt.

Hohenzollern

Zur Garnisonsstadt wurde Potsdam unter Friedrich Wilhelm I. von Preußen, dem Soldatenkönig. Sein Militärwahn drückt sich am deutlichsten in seinem Garderegiment der „Langen Kerls“ aus, für das der sonst als Geizhals verschriene König Unsummen ausgab. Unter seiner Herrschaft verkümmern Kunst und Wissenschaft, es dominiert die Staatsraison. So entsteht der Typus des preußischen Untertanen.

Für seine Holländischen Handwerker ließ der Soldatenkönig das Holländische Viertel erbauen, von seinen „Langen Kerls“. Es ist heute Sehenswürdigkeit und attraktives Wohnquartier. Sein Sohn Friedrich II., oder Friedrich der Große und auch volkstümlich der „Alte Fritz“ genannt, bestieg 1740 nach dem Tod seines Vaters den preußischen Thron. Er ließ das Holländische Viertel 1742 fertigstellen. Der Ausspruch, „Jeder soll nach seiner Façon selig werden“, fasste seine Lebensphilosophie zusammen. Der Kunstverehrer skizzierte selbst sein Potsdamer Schloss Sanssouci, sein Schloss „Ohne Sorgen“, und ließ es von Georg Wenzeslaus von Knobelsdorff ausführen.

Zum Ensemble des Schlosses Sanssouci in Potsdam gehören noch die prachtvolle Bildergalerie sowie das Schloss „Neue Kammern“, die ehemalige Orangerie.

Highlights am Wegesrand 21

Das Jägertor

Der Große Kurfürst blies zur Jagd

Es ist das einzige von ehemals sieben Stadttoren Potsdams, das noch im Original erhalten ist.

Die Tore waren teilweise Ausgangspunkte des Landstraßennetzes zu den nächstgelegenen Städten in der Mark Brandenburg.

Das 1733 erbaute Tor diente weniger der Stadtbefestigung. Es sollte vielmehr die Desertion von Soldaten verhindern.

Durch das Tor führte eine Allee, auf der der Große Kurfürst zu seiner Fasanerie, dem Jägerhof, gelangte. Die schmucke Krönung des Tores stellt eine Szene aus der Parforcejagd dar. Im Jahr 1869 wurde die Stadtmauer abgerissen. Heute ist das Jägertor Teil der Promenade, die den Verlauf der ehemaligen Stadtmauer nachzeichnet.

beschlossen, aber die Aufteilung in Besatzungszonen.

An der Anlegestelle am Jungfernsee gibt es den Braugasthof Brauerei Meierei Potsdam. Dann kommt man in die Bertinistraße mit ihren geschichtsträchtigen Villen und einem ehemaligen Wachturm der DDR. Ab hier folgt man dem Ufer bis zur Nedlitzer Südbrücke. Entlang der B 2 radelt man über die Nedlitzer Nordbrücke nach Neu Fahrland am Krampnitzsee. Man folgt der B 2, bis der Rotkehlchenweg rechts nach Krampnitz abzweigt. Im Ort hält man sich rechts und gelangt auf der „Straße nach Sacrow" an den Lehnitzsee. Die Straße führt zu einem Parkplatz am Ufer. An der Kurve radelt man rechts, weiter am Ufer entlang. Dann liegt rechts vom Weg eine Römerschanze mit hohen, noch gut erkennbaren Wällen. Dann fährt man weiter durch den Forst.

Vor der Anhöhe des Schwarzen Berges biegt man rechts zum Ufer ab und kommt an einen Aussichtspunkt mit Blick auf den Wachturm an der Bertinistraße. Der Jungfernsee hat uns wieder. Geradeaus führt der Weg zur **Heilandskirche** 25 am Havelufer. Der freistehende Campanile und die Arkadengänge machen sie zu einer italienisch anmutenden Chiesa. Oberhalb liegt **Schloss Sacrow**. Mit diesem Schloss vervollständigte Friedrich Wilhelm IV., König von Preußen, den Kranz der Schlösser an der Potsdamer Havelwelt.

Lohnenswerter Schlenker 22

Schloss Sanssouci

Refugium auf dem Weinberg

Hierher zog sich Friedrich II. in schwierigen Zeiten mit seinen geliebten Windspielen zurück. Ein Schloss „ohne Sorgen" war dabei Wunsch und Leitmotiv des Königs. Auch im Tode wollte er seinem Sanssouci nahe sein und neben seinen Hunden beigesetzt werden. Erst 1991 wurden seine Gebeine überführt. Nun liegt der „Philosoph von Sanssouci" auf der Terrasse am Weinberg. „Quand je serai là, je serai sans souci, wenn ich dort bin, werde ich ohne Sorge sein", steht auf seiner Grabplatte. Die original erhaltenen Raumausstattungen aus dem 18. Jahrhundert lassen die Welt von Friedrich dem Großen erahnen. Die Räume sind geprägt von Eleganz und stilvoller Prachtentfaltung. Die letzte königliche Bewohnerin von Schloss Sanssouci war die Witwe von Friedrich Wilhelm IV. Danach wurde Schloss Sanssouci Museum und ist seit April 1927 öffentlich zugänglich.

Sanssouci ist vor allem der Park mit der einzigartigen Terrassenanlage am berühmten Weinberg und der prächtigen Fontäne mitten im Park. Komplettiert wird der Park mit dem Sizilianischen und Nordischen Garten am Schloss „Neue Kammern". Ein Schloss für königliche Gäste wollte Friedrich der Große. 1768 fasste er den Entschluss, das unmittelbar neben Schloss Sanssouci und der Bildergalerie gelegene Orangeriegebäude in ein Gästeschloss umgestalten zu lassen. Es wurde fortan „Neue Kammern" genannt.

Neben Schloss Sanssouci liegt die Bildergalerie. Sie ließ Friedrich der Große eigens für seine Kunstsammlung errichten. Dort präsentierte er Spitzenwerke der flämischen und holländischen Barockmalerei sowie der italienischen Renaissance und des Barock. Daneben antike und französische Skulpturen des 18. Jahrhunderts.

Nördlich von Schloss Sanssouci erhebt sich der Ruinenberg. Auf ihm ließ Friedrich der Große ein Wasserbecken zur Speisung der Fontänen im Park Sanssouci anlegen und umgab es mit einem Arrangement aus Säulen, einem Rundtempel und einer Pyramide. Unter König Friedrich Wilhelm IV. entstand 1846 der knapp 23 Meter hohe Normannische Turm. Heute ein Turm mit Aussicht auf die Schlösser und Havelseen.

Am Fuße von Schloss Sanssouci und der Weinbergterrassen liegt das französische Figurenrondell mit der großen Fontäne in der Mitte. Weiter südlich im Park finden sich der Charlottenhof, der Rosengarten, der Dichterhain. Die Hauptallee führt vom Schloss zum Neuen Palais, das König Friedrich Wilhelm IV. erbauen ließ. Die große Anlage diente der Repräsentation, ganz im Gegensatz zum intimen Schloss Sanssouci. Im Innern erwarten den Besucher prächtige Festsäle, großartige Galerien und die fürstlich ausgestatteten Appartements.

Das Orangerieschloss zwischen dem Neuen Palais und Sanssouci mit den Pflanzenhallen, seinen Plastiken, Brunnen, Arkaden und Terrassen holt das Flair südlicher Architektur nach Potsdam und präsentiert die Italiensehnsucht Friedrich Wilhelms IV. Das Ensemble entstand in den Jahren zwischen 1851 und 1864.

Öffnungszeiten:
1.11.–31.3., Di.–So.:
10–16.30 Uhr,
1.4.–31.10., Di.–So.:
10–17.30 Uhr.

Highlights am Wegesrand 

Eine Mätresse gestaltet das

Marmorpalais

Das Marmorpalais liegt romantisch auf einer Terrassenanlage im Neuen Garten direkt am Seeufer vom Heiligen See. Ein Palais, aus rotem Backstein, mit Schmuckelementen aus grauem und weißem schlesischem Marmor gefertigt, machte Friedrich Wilhelm II. zu seiner Sommerresidenz. Sein Architekt Carl von Gontard schuf 1793 seinen privaten Rückzugsort.

Eng verbunden mit dem Marmorpalais ist die Liaison Friedrich Wilhelms II. mit Wilhelmine Enke, im Volksmund „Die schöne Wilhelmine" genannt.

Die Mätresse des Königs, die 1796 zur Gräfin Lichtenau erhoben wurde, nahm erheblichen Einfluss auf die Innengestaltung des Schlosses.

Zahlreiche Marmorkamine und antike Skulpturen wurden in Italien erworben. Das ganz aus verschiedenfarbigem Marmor gestaltete Vestibül, der unmittelbar am Wasser gelegene Grottensaal sowie der imposante Konzertsaal zählen zu den prächtigsten Räumen.

Öffnungszeiten:
Mai–Okt.: Di.–So.
10–17.30 Uhr;
im April Sa. und So.:
10–17.30 Uhr;
Nov.–März: Sa. und So.:
10–16 Uhr.

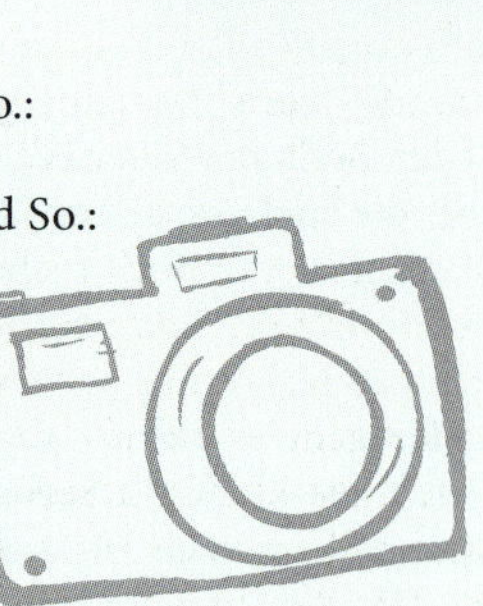

Über Sacrow geht es nun auf der Kladower Straße zum Luisenberg, wo man auf den Berliner Mauerweg stößt. Noch über die Stadtgrenze von Berlin-Kladow, dann ist der Blick rechts zur Pfaueninsel frei. Am Sakrower Kirchweg biegt man rechts ein. Auch an der Imchenallee geht es rechts weg und man erreicht die Kladower Seebrücke. Hier legt die Fähre nach Wannsee ab. Rund 20 Minuten braucht die Fähre bis zur Anlegestelle vor dem S-Bahnhof Berlin-Wannsee. Eine kleine Seefahrt zum Abschluss.

Fähre Wannsee – Alt-Kladow 26 **:** Werktags verkehrt die Fähre stündlich zwischen 6 und 21 Uhr (im Winter bis 20 Uhr), samstags von 7 bis 21 Uhr (im Winter 18 Uhr) und sonntags von 10 bis 21 Uhr (im Winter 20 Uhr). Die Fahrzeit beträgt etwa 20 Minuten.

Highlights am Wegesrand 

Schloss Cecilienhof

Hohenzollernschloss und historische Stätte der Potsdamer Konferenz

Seine historische Dimension erlangte das Schloss durch die Unterzeichnung des Potsdamer Abkommens. Die Konferenz dauerte vom 17. Juli bis zum 2. August 1945. Die Siegermächte des Zweiten Weltkrieges, vertreten durch Churchill, Truman und Stalin berieten im Schloss Cecilienhof über das Schicksal Deutschlands. Sie gilt als Symbol für den Endpunkt des Zweiten Weltkrieges und den Ausbruch des Kalten Krieges, der zur Spaltung Europas durch den „Eisernen Vorhang“ und zum Bau der „Mauer“ führte.

Ein runder Tisch, drei Meter im Durchmesser, mit einer purpurnen Tischdecke belegt, steht am 17. Juli 1945 im Konferenzsaal des Schlosses. Engelsornamente zieren drei Stühle. Es sind die einzigen mit Armlehnen, die breite Sitzfläche verdeutlicht die Bedeutung der Politiker, die darauf saßen: Truman, Stalin, Churchill.

Cecilienhof ist der letzte Schlossbau der Hohenzollern. Kaiser Wilhelm II. ließ es 1916 für seinen ältesten Sohn Kronprinz Wilhelm und seine Gattin Cecilie von Mecklenburg-Schwerin im Stil eines englischen Landhauses errichten. Das Kronprinzenpaar wohnte dort bis 1945. Der Bau mit seinen 180 Zimmern kostete 8 Millionen Goldmark und diente dem Kronprinzen von Hohenzollern als Residenz.

180 Räume gruppieren sich um fünf Innenhöfe. Die Ausstattung war luxuriös und für einen ganzjährigen Aufenthalt bestimmt.

Das Zentrum des Hauses bildet die große Wohnhalle. Von ihr gehen die Repräsentationsräume des Kronprinzenpaares ab. Eine mächtige holzgeschnitzte Treppe führt ins Obergeschoss. Dort liegen die herrschaftlichen Räume, der Rauchsalon, die Bibliothek, das Frühstückszimmer, der Musiksalon, das Schreibzimmer und das Kabinett.

Öffnungszeiten:
1.11.–31.3.,
Dienstag bis Sonntag
10–16.30 Uhr;
im April
Dienstag bis Sonntag
10–17.30 Uhr;
1.5.–1.11.,
Dienstag bis Sonntag
10–17.30.

Heilandskirche und Schloss Sacrow

Italienisches Ambiente am Jungfernsee

Kurze Zeit nach seiner Thronbesteigung 1840 erwarb König Friedrich Wilhelm IV. das Gut Sacrow von dem Berliner Bankier Friedrich Martin Magnus. Das Gutshaus ließ er umbauen. Ludwig Persius, Architekt des Königs, fügte am Nordgiebel einen zweistöckigen Anbau mit einem repräsentativen Eingang im italienischen Stil an. Von da an wurde es von den Bewohnern des nahe gelegenen Dorfes Sacrow Schloss genannt. Friedrich Wilhelm IV. bewohnte es nie. 1938 wurde das Schloss zum Wohn- und Dienstsitz des Generalforstmeisters Friedrich Alpers und nach 1945 „Volkseigentum" der DDR.

Danach avancierte das Schloss zum Außendrehort der Telenovela „Wege zum Glück", es stellte das Gutshaus der Familie van Weyden dar.

Die Heilandskirche liegt unterhalb des kleinen Sacrower Schlosses in dessen Schlosspark, den der Gartenkünstler Peter Joseph Lenné anlegte. Sie entstand 1844 mit freistehendem Campanile nach Entwürfen, die der „Romantiker auf dem Thron" Friedrich Wilhelm IV. gezeichnet hatte. Italienisch sollte sie wirken. Der Architekt des Königs, Ludwig Persius, erhielt den Auftrag zum Bau der Kirche. Das Kirchenschiff – der königliche Bauherr bevorzugte eine einfache, flache Deckenkonstruktion – ist von einem überdachten Arkadengang umgeben und ragt in die Havel hinein. Auf dem Vorplatz steht der über 20 Meter hohe Campanile. Er trägt eine fast 600 Jahre alte Bronzeglocke.

Im Sommer 1897 wurde der Glockenturm zur Antennenstation der drahtlosen Telegrafie. Die Physiker Adolf Slaby und Georg Graf von Arco führten Versuche zur Perfektionierung der Funktechnik durch. Am 27. August empfing die 1,6 Kilometer weit entfernte kaiserliche Matrosenstation „Kongsnaes", am gegenüberliegenden Ufer des Jungfernsees in Potsdam, die Signale.

Nach dem Fall der Mauer wurde am Heiligen Abend 1989, nach knapp drei Jahrzehnten, wieder ein Gottesdienst gehalten.

Essen, Trinken & Durchatmen

Ein kulinarischer Abzweig

Landleben Potsdam
Küche: ***frisch – regional***
Spezialität: ***fangfrischer Fisch aus dem Sacrower See***
Preis: ***mittel***
Übernachtungsmöglichkeit: ***ja***

Landleben Potsdam
Seepromenade 99
14476 Groß Glienicke
Tel. +49 33 20 13 12 91
www.landleben-potsdam.de

Lutter & Wegner im Schloss Glienicke
Küche: ***international***
Spezialität:
„Himmel und Erde“
Preis: ***gehoben***
Übernachtungsmöglichkeit: ***nein***

Lutter & Wegner Restaurant
Königstraße 36
14109 Berlin-Wannsee
Tel. +49 30 805 40 00
www.schloss-glienicke.de

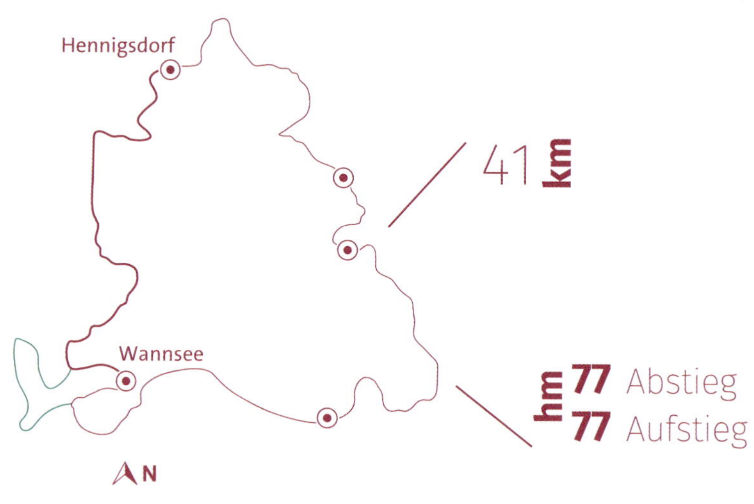
Hennigsdorf
41 km
Wannsee
hm 77 Abstieg
77 Aufstieg
N

Streckenprofil
33 m ü. NHN
33 m ü. NHN
Wannsee
Groß Glienicker See
Staaken
Spandauer Forst
Hennigsdorf
km 0 5 17 20,5 41

Ländlicher Westen

Eine „Kreuzfahrt" zum Einstieg in Kapitel vier. Gut 20 Minuten braucht die Fähre über den Großen Wannsee nach **Alt-Kladow** 26 . Vom Fähranleger radelt man dann links durch die Imchenallee–Imchen, so heißt die kleine Insel im Großen Wannsee vor Alt-Kladow – zum Sakrower Kirchweg. Nochmals links zur Sakrower Landstraße. Zum dritten Mal links und an der Stadtgrenze erhebt sich der Luisenberg. Davor biegt man rechts auf den Kolonnenweg der DDR-Grenzsoldaten ein. Am Campingplatz scharf rechts zum Braumannweg in **Groß Glienicke**. Auf der Seepromenade geht es am Groß Glienicker See entlang zum Gutspark Groß Glienicke. Rechts der Weg führt zur Gutsstraße. Ein Stück Berliner Mauer steht am Weg; am Ritterfelddamm dann das Ensemble des sanierten Gutshofes. Geradeaus geht es zur Potsdamer Chaussee, der Bundesstraße 2. Weit und breit nur Wald und Felder. Wenige Meter hinter dem Betriebshof Karolinenhöhe zweigt der Grenzweg links ab. Er führt an den Hahneberg. Unter seinem Grün verbirgt sich Berliner Bauschutt, 87 Meter hoch. Dahinter knickt der Berliner Mauerweg rechts ab. Linker Hand liegt **Fort Hahneberg** 27. Es sollte einmal dem Schutz der **Spandauer Zitadelle** 28 dienen.

An der Heerstraße begegnet man der Info-Tafel zum ehemaligen Grenzübergang Heerstraße. Durch die Bergstraße führt dann der Weg zu zwei Gedenkstelen von Maueropfern und zum Nennhauser Damm. Auf ihm quert man den Brunsbütteler Damm und radelt auf den S-Bahnhof Berlin-Staaken zu. Man folgt dann dem Finkenkruger Weg bis an den Seegefelder Weg hinter der Bahnbrücke.

Hier beginnt der Abstecher zur **Spandauer Altstadt** 29 und zur Zitadelle Spandau. Gut fünf Kilometer ist es bis

Highlights am Wegesrand 26

Alt-Kladow Briten & Buletten

Die zentrale Kneipe im Dorf heißt „Kladower Hof" und gehört seit 100 Jahren einer britisch-deutschen Familie. Besonders lecker sind „Inges Buletten".

Alt Kladow, das ist der Dorfplatz von Kladow. Kladow ist einer von neun Ortsteilen Spandaus. Ein Gedicht gibt es auch über Kladow, von Maschka Kaléko, als sie 1938 nach New York fliehen musste. „Souvenir à Kladow. Ich denke oft an Kladow im April …". Ein Sehnsuchtsgedicht an Kladow, geschrieben im Frühling von Manhattan.

Horst Evers sang das Lied: „Wo ist nachts keine Sau, aber die Havel blau? Ja ganz genau – Spandau / In Kladow, Gatow, Hottengrund / da ist die Umwelt noch gesund …

Im Hottengrund hüteten die Kladower Bauern ihr Vieh. Hier waren auch die Briten stationiert, 3.000 Solaten in den Montgomery-Barracks. Sie passten auf ihre Queen auf, wenn sie nach Berlin wollte und auf dem Flugplatz Gatow landete. Von 1946 bis

Groß Glienicke

das geteilte Dorf

1948 flog die Royal Air Force direkt nach London, allerding mit Zwischenlandung in Hamburg.

„Hier waren Deutschland und Europa bis zum 24. Dezember 1989 um 8 Uhr geteilt".

Das steht auf dem Schild am Ortseingang von Groß Glienicke Richtung Potsdam. Es markiert den Standort der Mauer, die 1990 abgerissen wurde. Nach dem Potsdamer Abkommen 1945 wurde Groß Glienicke geteilt.

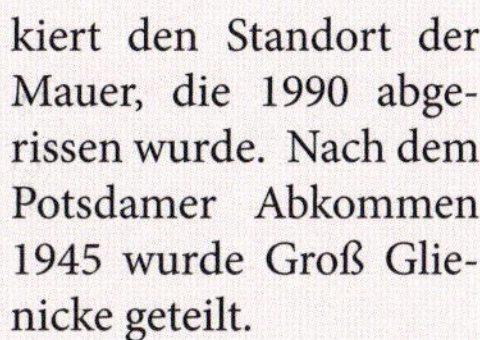

Der Teil östlich des Griebnitzsees kam zu West-Berlin, der westliche Teil zur Sowjetischen Besatzungszone.

Als 1949 die DDR gegründet wurde, war Groß Glienicke Grenzort zu West-Berlin, mit einschneidenden Folgen: 1952 wurden die Übergänge nördlich und südlich des Groß Glienicker Sees geschlossen, 1961 mit Stacheldraht abgeriegelt.

1969 und 1977 folgte der Bau der Mauer mit Todesstreifen entlang des Seeufers.

dorthin, erst entlang des Seegeberger Weges, dann der Seegeberger Straße zum Bahnhof Spandau. Gleich dahinter liegt die Altstadt, umgeben vom Mühlengraben, gefolgt von der imposanten Zitadelle.

Wer sich auf den Berliner Mauerweg konzentrieren möchte, fährt auf dem Finkenkruger Weg bis zur Stadtgrenze von Berlin. Dort erinnern Stelen an zwei weitere Maueropfer.

Am **Finkenkruger Weg** verlief von 1945 bis 1990 die Stadtgrenze. West-Staaken gehörte in dieser Zeit zur Sowjetischen Besatzungszone, also zur DDR.

Ab hier fährt man rechts durch den Grünzug über die Spandauer Straße und stößt auf die Pestalozzistraße. Wenig später verlässt man sie nach rechts, kommt in den Spandauer Forst und zum Eiskeller. Das Gebiet kam zu seinem Namen durch die deutlich niedrigeren Temperaturen als im sonstigen Stadtgebiet.

Rechts folgt man dem Nieder Neuendorfer Kanal zur Schönwalder Allee. Dort stehen ein Mauerrest und eine Stele zum Gedenken an die Fluchtopfer. Jetzt umrundet man den Laßzinssee und radelt durch den Forst zum Oberjägerweg. Auch dort musste ein Fluchtversuch mit dem Tod bezahlt werden. Dann stößt man auf die Niederneuendorfer Allee, folgt ihr rechts ein kurzes Stück und biegt links ab zur Bürgerablage an die Havel. So nennt sich die Badestelle an der Havel. Wer

Hunger verspürt, kann hier im Jagdhaus Spandau einkehren. Wildspezialitäten stehen auf der Speisekarte.

Weiter geht es links der Havel entlang zur Siedlung Papenberg und nach Nieder Neuendorf. Wo sich West-Berlin und DDR sehr nahe waren, an der Landspitze vom Ortsteil Heiliger See, steht noch heute ein **Grenzturm** 30 . Er wurde 1987 als Führungsstelle des Grenzregimentes 38 „Clara Zetkin" erbaut.

Die Havel zur Rechten und die Häuser zur Linken radelt man zur Spandauer Allee und über den Havelkanal. Hinter der Brücke führt der Berliner Mauer-

weg ans Ufer des Oder-Havel-Kanals. Auch hier scheiterten wiederholt Fluchtversuche.

Nach Umfahrung des Kanalabzweigs unterfährt man eine Bahnbrücke und gelangt an die Marina Hennigsdorf. Links in die Hafenstraße, die Hauptstraße queren und geradeaus. Gegenüber dem Rathaus Hennigsdorf liegt der S-Bahnhof Hennigsdorf. Toll! Ziel erreicht.

Highlights am Wegesrand 

Fort Hahneberg

sollte Spandau verteidigen

So die Vorstellung Kaiser Wilhelm I. Die Festung Spandau bestand im Jahr 1859 aus der Zitadelle, vier Bastionen und drei Ravelins zum Schutz der Wälle und Schanzen. Zusätzlich waren für Spandau vier Forts vorgesehen.

Die 1594 errichtete Zitadelle war waffentechnisch längst veraltet. Um den Rüstungsstandort Spandau gegen eine Artillerie mit Reichweiten von bis zu zehn Kilometer zu schützen plante man, die Verteidigung weiter nach außen zu verlegen.

Von den vier geplanten Forts für Spandau wurde nur das Artilleriefort Hahneberg errichtet. Bei seiner Fertigstellung 1888 war die Konstruktion waffentechnisch längst überholt. Als 1903 die Auflassung der Befestigungen Spandaus mit Ausnahme der Zitadelle und von Fort Hahneberg beschlossen wurde, diente das Fort als Ausbildungsstätte der Infanterie.

Erst mit der Wiedervereinigung rückte Fort Hahneberg wieder in das öffentliche Bewusstsein, mit historischen Führungen und Veranstaltungen.

Führungen durch das Fort: sonnabends, sonntags und an gesetzlichen Feiertagen um 14 und 16 Uhr unter fbs.fort-hahneberg.de

Lohnenswerte Schlenker

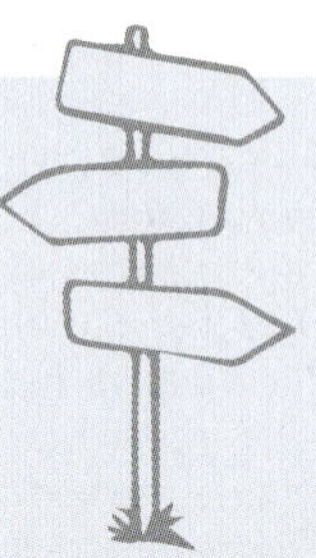

28 Zitadelle Spandau

Die Zitadelle Spandau ist eine der besterhaltenen Festungen Europas. Sie wurde 1594 von italienischen Architekten anstelle der Burg Spandau errichtet, als mit der Entwicklung von Feuerwaffen mittelalterliche Burgen an Bedeutung verloren. In Kriegszeiten sollte sie den Schutz der Residenzstadt Berlin-Cölln übernehmen.

Die symmetrische und vollständig von Wasser umgebene Anlage hat vier Bastionen. Sie tragen die Bezeichnungen Königin, König, Kronprinz und Brandenburg. Durch ihre Bauweise hatte die Festung keine toten Winkel. In der Zitadelle gibt es Museen und Dauerausstellungen. Eine läuft unter dem Namen „Enthüllt. Berlin und seine Denkmäler". Eine weitere erzählt die Geschichte von Burg und Festung. Die Exerzierhalle beherbergt eine Ausstellung mit historischen Kanonen und Prunkgeschützen. Dann gibt es noch das Stadtgeschichtliche Museum von Spandau und „Das archäologische Schaufenster Burg Spandau".

Die Zitadelle ist an 365 Tagen im Jahr geöffnet: Fr. bis Mi. 10–17 Uhr, Do. 13–20 Uhr.

29 Die Altstadt Spandau

Vom Mühlengraben umgeben

Der Trip durch Spandaus Altstadt beginnt am Rathaus, gegenüber dem Bahnhof Spandau. Das imposante Gebäude mit dem hohen Turm wurde 1913 gebaut mit dem Willen, gegenüber Berlin Größe und Unabhängigkeit zu demonstrieren.

Gerade letzteres hat nicht wirklich funktioniert, zumindest bis 1920. Auch gegenüber der Kirche wollte die Bürgerschaft ihr Selbstbewusstsein zeigen. Darum musste der Rathausturm höher werden als die St.-Nikolai-Kirche.

An der Nordspitze der Altstadt befindet sich der älteste Teil der Altstadt, der Behnitz, im Volksmund auch Kolk genannt, mit intakten Resten der Stadtmauer, engen Gassen, alten Fachwerkbauten und einer kleinen Kirche.

Die äußerlich schlichte Backsteinkirche „St. Marien am Behnitz" blickt auf eine interessante Geschichte zurück. Ihre katholische Gemeinde entstand Anfang des 18. Jahrhunderts im protestantischen Spandau, da Friedrich Wilhelm I. Arbeiter aus dem katholischen Lüttich für die Spandauer Gewehrfabriken anwarb.

Am Hohen Steinweg steht das letzte, fast original erhaltene Stück der Stadtmauer. Im Jahre 1319 begannen die Bürger Spandaus, ihre Stadt mit einer massiven Mauer zu umgeben. In der Breite Straße steht das Gotische Haus, das älteste Bürgerhaus Berlins. Das Haus aus dem 15. Jahrhundert wurde komplett saniert und beherbergt die Touristeninformation Spandau.

Durch die Kirchgasse geht es zur St.-Nikolai-Kirche, dem Wahrzeichen der Altstadt. Sie ist ein Symbol für die Reformation in der Mark Brandenburg. Kurfürst Joachim II. nahm hier einst den protestantischen Glauben an. So erklärt sich auch, warum sein Standbild das Kirchenportal bewacht. Unter dem mächtigen Satteldach steht das älteste bronzene Taufbecken der Mark Brandenburg. Und der prachtvolle Altar wurde einst vom Grafen Lynar, dem Erbauer der Zitadelle, gestiftet. Er selbst ruht in einer Gruft unter dem Altar.

An der Jüdenstraße Ecke Ritterstraße ist noch ein Ackerbürgerhaus zu bewundern, das sogenannte Wendenschloss. Das historisch anmutende Fachwerkhaus ist der Nachbau eines typischen Ackerbürgerhauses. Als Ackerbürger bezeichnete man Bauern, die in der Stadt lebten, also Bürgerrechte besaßen, ihren Lebensunterhalt aber mit Landwirtschaft bestritten. Im 18. Jahrhundert stand an derselben Stelle noch ein echtes Ackerbürgerhaus.

Wissenswertes im Gepäck

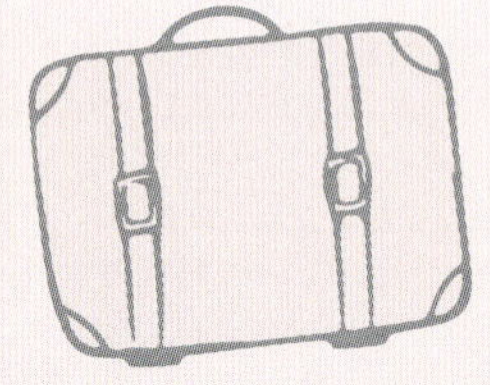

Der Finkenkruger Weg

Gebietstausch im Westen von Berlin

Es war 1945 nach dem Potsdamer Abkommen. Dort wurde vereinbart, dass jede Besatzungsmacht in Berlin einen Airport bekommen sollte. Die Franzosen erhielten Tegel, die Amerikaner Tempelhof.

Die Briten nutzten den Flugplatz Gatow und die Sowjets Schönefeld und ihren Flugplatz Staaken. Dieser lag aber teilweise auf West-Gebiet. Und die Briten hätten zu ihrem Flugplatz durch Sowjetisches Gebiet fahren müssen. Ein Unding! Also tauschten die beiden Siegermächte Gebiete aus. West-Staaken und die Rieselfelder bekamen die Sowjets, Teile von Groß Glienicke, der Seeburger Zipfel und der westliche Teil des Flugplatzes Gatow ging an die Briten.

Als die DDR-Volkspolizei 1951 die Teilung West-Staakens vollzog, flohen viele Familien nach West-Berlin.

Die Grenze zwischen der DDR und West-Berlin wurde quer durch Staaken gezogen und verlief von 1951 bis 1990 auf der Straßenmitte des Finkenkruger Weges.

Kurz vor dem nördlichen Ende des Finkenkruger Weges, an der Spektelake, steht eine Gedenkstele für das Maueropfer Willi Block. Er war 32 Jahre alt, als er sich zum dritten Mal zur Flucht entschloss und dies mit seinem Leben bezahlen musste. Am 13. Januar 1962 flieht er das erste Mal nach West-Berlin. Einen Monat später kehrt er in die DDR zurück, um seine Frau nachzuholen. Er wird festgenommen und man steckt ihn in ein Arbeitslager. Am 18. August 1962 flüchtete er erneut nach West-Berlin und offenbart den dortigen Behörden seine Anwerbung

durch das DDR-Ministerium für Staatssicherheit. Er erfährt, dass sich seine Frau von ihm scheiden lassen will und kehrt in die DDR zurück. Er wird unter dem Vorwurf der Spionage für westliche Geheimdienste verhaftet und zu einer Freiheitsstrafe verurteilt. Dann entschließt er sich wiederum zur Flucht. Am 7. Februar 1966 gegen 15.45 Uhr werden Grenzsoldaten auf ihn aufmerksam und schießen ein Sperrfeuer auf ihn. Er versucht unter dem Stacheldraht durchzukriechen und verfängt sich. West-Berliner Polizei nimmt Kontakt zu ihm auf. Willi Block bittet die Beamten, ihn Feuerschutz zu gewähren. Ihm wird gesagt, dass er erst West-Berlin erreichen müsse. Daraufhin antworte er: „Dann gehe ich eben ins Zuchthaus." Er versucht ein letztes Mal, sich selbst aus dem Stacheldraht zu befreien, nach vorn, in Richtung West-Berlin. Ein Kugelhagel bricht über ihn herein. Er stirbt.

Flugplatz Staaken

Luftschiffe, Luftschlösser und der Luftpionier

Der Flugplatz Staaken war einst Werft der Zeppelinwerke und avancierte zur Hauptwerft der damaligen Deutschen Lufthansa. 73 Luftschiffe wurden hier gebaut, das erste 1916. Nach Ende der Zeppelin-Ära um 1920 wurde es ruhiger am Platz. Auch die Lufthansa verschwand.

1936 landete der US-amerikanische Pilot Charles Lindbergh in Staaken. Er besuchte das Geschwader Richthofen, durfte von Tempelhof aus eine Ju 52 fliegen und besichtigte zwei Heinkel-Flugzeugwerke. Die Initiative zur ersten Deutschland-Reise war vom US-Militärattaché in Berlin, Truman Smith, ausgegangen. Smith erhoffte sich Informationen über die deutsche Luftwaffe. Reichsluftfahrtminister Hermann Göring wiederum sah eine Möglichkeit, mit der eigenen Stärke zu prahlen.

Die Großfilmwerke Staaken hatten bereits einige Jahre zuvor die Luftschiffhallen übernommen. Es entstanden Filmateliers und in Zusammenarbeit mit den Babelsberger Filmstudios der berühmte Stummfilmklassiker „Metropolis" von Fritz Lang mit Gustav Fröhlich und Heinrich George sowie „Der falsche Dimitry" von Hans Steinhoff mit Hans Albers in der Hauptrolle.

Highlights am Wegesrand **30**

Grenzturm Nieder Neuendorf

Zeitzeuge deutscher Geschichte

Direkt am wunderschönen Nieder Neuendorfer See, der aufgeweiteten Havel, liegt Nieder Neuendorf. Hier verläuft die „Grenze" zwischen Berlin und Brandenburg und hier verlief auch die Grenze zwischen der Deutschen Demokratischen Republik (DDR) und West-Berlin.

Der Grenzturm am Uferbereich ist einer der letzten vorhandenen Wachtürme der DDR im ehemaligen Grenzabschnitt Berlin. Er ist 1987 als Führungsstelle des Grenzregimentes 38 „Clara Zetkin" erbaut worden. Von hier aus wurde die Kontrolle des 10 Kilometer langen Abschnittes von Schönwalde bis Stolpe-Süd koordiniert, an dem 18 weitere Grenztürme standen. 1999 hat die Stadt Hennigsdorf den Grenzturm unter Denkmalschutz gestellt und für die Öffentlichkeit zugänglich gemacht. Eine Ausstellung vermittelt die zeitlichen Geschehnisse vom Ende des Zweiten Weltkrieges bis zur Vollendung der deutschen Einheit.

Am Beispiel des Grenzregiments „Clara Zetkin“ wird der Alltag der DDR-Grenztruppen geschildert.

Seit 2009 befindet sich neben dem Grenzturm der Grenzgedenkstein der Künstlerin Heike Becker.

Öffnungszeiten der Ausstellung:
April bis Okt.,
Di. – So. 10–18 Uhr.
Der Außenbereich ist immer offen.

Nieder Neuendorfer See im Nebel

Essen, Trinken & Durchatmen

Ein kulinarischer Abzweig

Die Buhne Restaurant & Veranstaltungsort
Küche: ***international***
Spezialität: ***Kalbsrücken***
Preis: ***mittel***
Übernachtungsmöglichkeit: ***nein***

Die Buhne
Dorfstraße 26a
16761 Hennigsdorf
Ortsteil Nieder Neuendorf
Tel. +49 3302 227047
www.diebuhne.de

Restaurant Rabennest
Küche: ***deutsch mit leicht mediterranen Einflüssen***
Spezialität:
Bollenfleisch vom Lamm
Preis: ***mittel***
Übernachtungsmöglichkeit: ***ja***

Waldhotel Frohnau &
Restaurant Rabennest
Schönfließer Str. 83–85
13465 Berlin
Tel. +49 30 4014056
www.frohnau-waldhotel.de

Dorfidyll trifft Trabantenstadt

31 km

hm 71 Abstieg
85 Aufstieg

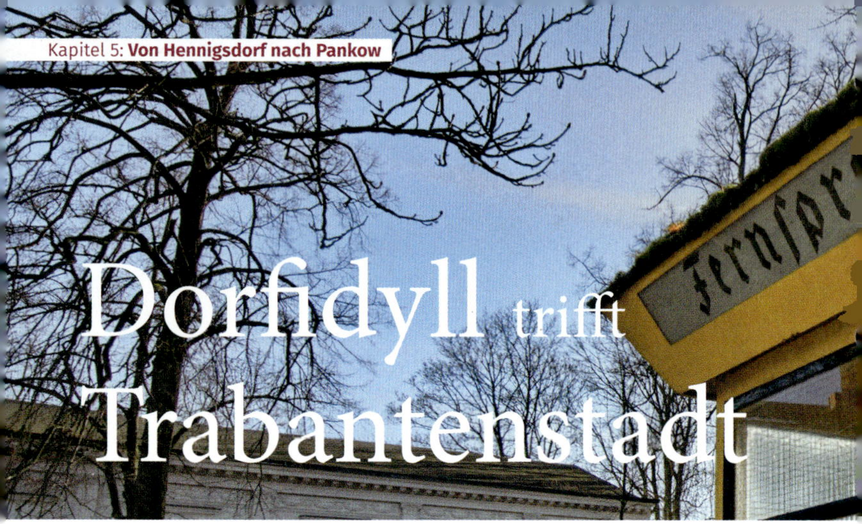

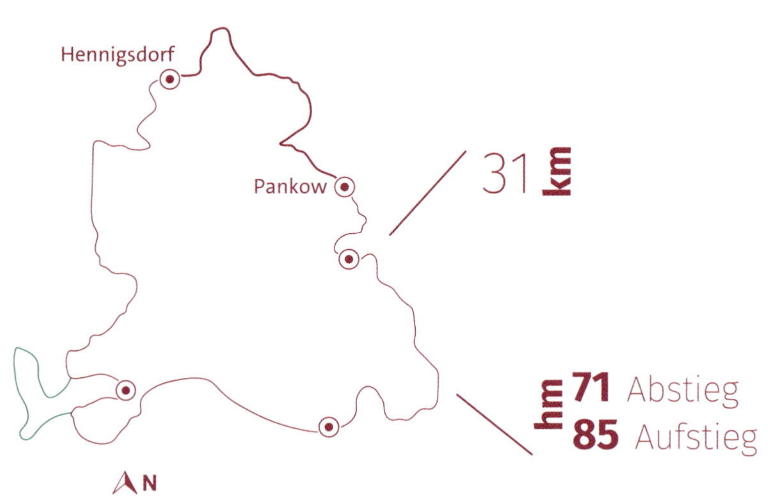

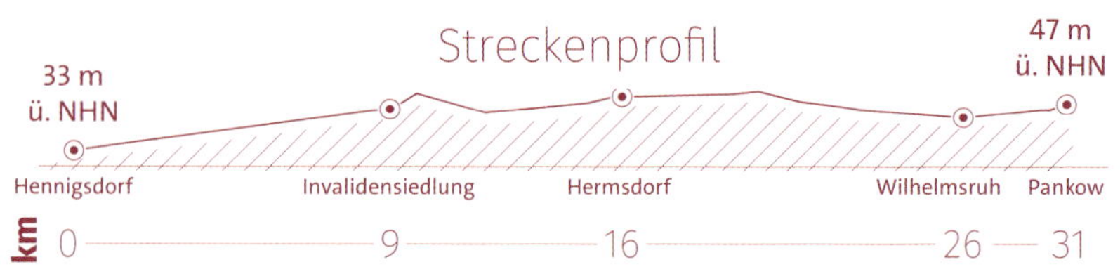

Mit der S-Bahn angereist? Dann führt der Weg zum Berliner Mauerweg vom Rathausplatz, nach rechts an der Stadtverwaltung vorbei zur Hauptstraße. Geradeaus kommt man an den Stadthafen und zur Ruppiner Straße. Ab hier folgt man dem Berliner Mauerweg zum Kreisverkehr. Auf dem Weg an der Ruppiner Chaussee gelangt man an den Rand der Siedlung Stolpe-Süd. In der Kurve am Supermarkt biegt man links auf den ehemaligen Zollweg ab. Dann geht es über die Autobahn durch den Wald, vor die Berliner Stadtgrenze am Stadtteil Frohnau. Nach links folgt man dem Weg zum Friedhof Frohnau. Gegenüber beginnt der Golfplatz Stolper Heide. Hier heißt es scharf rechts abbiegen und dem asphaltierten Mauerweg linkshaltend zur **Invalidensiedlung** 31 folgen. Für Versehrte aus dem Ersten Weltkrieg wurde die Invalidensiedlung errichtet; 51 Häuser mit roten Klinkerfassaden.

Am Weg zur Siedlung biegt man rechts ab in den Staehleweg zur Invalidensiedlung. An der Straße biegt man links ein und radelt bis zum Abzweig nach Hohen Neuendorf. Am Kreisverkehr folgt man rechts der B 96 bis kurz hinter die Stadtgrenze. Dort zweigt links die Utestraße ab. Der folgt man in den Wald bis zur Kreuzung mit der Klarastraße. Kurz hinter der Kreuzung steht noch ein Grenzturm der Berliner Mauer. An der Kreuzung heißt es links abbiegen zum Waldjugendweg. Dort kommt man an zwei Gedenkstelen vorbei. Am Wegende dann rechts zum Hubertussee. Der Mauerweg führt links um ihn herum. Am Südufer biegt man links in den Jägersteig ein. An der Kreuzung mit dem Hubertusweg links und wiederum links halten. Dann passiert man das P.A.N. Zentrum der Fürst-Donnersmarck-Stiftung in **Berlin-Frohnau** 32. Der Bieselheider Weg führt an die Oranienburger Chaussee. An der

Highlights am Wegesrand

31 Invalidensiedlung Berlin-Frohnau

Ein Zuhause für Menschen mit Handikap

Die hufeisenförmige Siedlung entstand, als 1938 die Militärische Akademie in Berlin-Mitte erweitert wurde und in das dortige Invalidenhaus einzog. Die Wehrmacht schuf Ersatz und baute daraufhin in Berlin-Frohnau eine Siedlung aus 51 Häusern mit dunkelroten Klinkerfassaden und schwarzen Ziegeldächern. Heute werden die Häuser von Menschen mit Handikap bewohnt. Sie gehört zur Stiftung Invalidenhaus Berlin. Bereits König Friedrich I. von Preußen fasste 1705 den Plan, nach französischem Vorbild,besondere Unterkünfte für ausgediente und kriegsinvalide Soldaten zu bauen.

Aber erst Friedrich der Große ließ 1748 das dreiflügelige schlossähnliche Berliner Invalidenhaus an der heutigen Scharnhorststraße in Berlin-Mit-

te für seine „alten Kameraden" errichten. Friedrich der Große schätzte die Nähe zur Charité.

Die kriegsgeschädigten Offiziere, Unteroffiziere und Mannschaften erhielten ein Zuhause und kostenlose Verpflegung, Kleidung und ärztliche Betreuung. Zur Finanzierung hatte es Friedrich der Große mit umfangreichem Landbesitz und Dotationen in Bargeld ausgestattet. Sämtliche Insassen wurden noch nach ihren Dienstgraden besoldet.

32 Die Gartenstadt Berlin Frohnau

„Die halbe Oper wohnte in Frohnau"

So hieß es damals und tatsächlich hatten hier Sänger von Weltruf eine zweite Heimat gefunden. Die Geburtsstunde der Gartenstadt Frohnau schlug am 10. Dez.1907, als Graf Henckel Fürst von Donnersmarck den Kaufvertrag für das Waldgelände unterschrieb. Der Fürst ließ eine Landhaussiedlung anlegen, wie er sie in England kennengelernt hatte. Da es für alle Siedler bindende Baubestimmungen gab, fügten sich die Villen und Landhäuser harmonisch aneinander. Vom Bahnhof hatte man direkte Anbindung nach Berlin.

1910 wurde die Villenstadt eingeweiht. Ein Gymnasium für die höheren Töchter, Casino, Poloplatz und Steuerfreiheit waren Argumente, um betuchte Berliner in die Vorstadt zu locken. Die Straßen wurden mit erlesenem Baumbestand geschmückt.

Lohnenswerter Schlenker 33

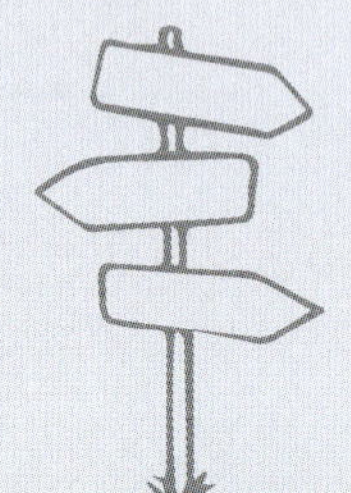

Der Buddhist Paul Dahlke

fand seine Ruhe in Frohnau

Das Buddhistische Haus auf dem Hügel am Edelhofdamm ist eine wunderschöne Tempelanlage. Sie gilt als der älteste buddhistische Tempel in Europa. Bauherr war der Arzt und Schriftsteller Paul Dahlke, der auf seinen Asienreisen den Buddhismus kennenlernte.

Er wollte erst auf Sylt seine Ruhe finden. Mit dem Bau des Hindenburgdamms zur Insel kamen jedoch die lauten Touristen.

Er kehrte nach Berlin zurück und kaufte den Hügel in Frohnau, dessen Erwerb die evangelische Gemeinde wegen des langen Fußmarsches und beschwerlichen Aufstieges ablehnte. Er wurde 1900 selbst Buddhist und Lehrer dieser Religion.

Das Haus ist eine Touristenattraktion und Gedenkstätte. Externe Lehrer halten Vorträge und Meditationskurse. Mönche aus Sri Lanka leben im Haus und verbreiten den Buddhismus.

Man betritt das Grundstück durch das Elefantentor. Davor führt eine steile Treppe mit 73 Stufen empor, die den edlen achtfachen Pfad Buddhas zur Erlösung vom Leid der Vergänglichkeit symbolisiert.

Im Garten steht die Steinskulptur der Göttin Kannon, die Göttin der Barmherzigkeit. Sie wurde 1959 von der japanischen Stadt Nagoya gestiftet.

Der Tempel und die Meditationshalle sind täglich von 9 bis 18 Uhr geöffnet.

Stadtgrenze zweigt rechts der Edelhofdamm ab. Er führt zum sehenswerten **Buddhistischen Haus** (33). Es ist ein kurzer Abstecher bis dorthin. Auf der Oranienburger Chaussee gelangt man zum Entenschnabel. Das zur DDR gehörende Gelände hatte die Form eines Entenschnabels, daher der Name, und ragte in das West-Berliner Stadtgebiet hinein. Die Straße Am Sandkrug, es gibt nur diese einzige, führt hinein und hinaus. Eine Info-Tafel erinnert daran.

An der Kreuzung hinter der Stadtgrenze folgt man links der Veltheimstraße. Gleich am Anfang der Straße gibt es eine Hinweistafel zu einem Fluchttunnel, durch den 13 Menschen 1963 von der Ottostraße in Glienicke/Nordbahn nach West-Berlin flüchteten. An der Einmündung zur Schil-

dowstraße biegt man links ab über die Stadtgrenze in die Alte Schildower Straße in Glienicke/Nordbahn. Am Karlsplatz führt ein Weg rechts wieder zur Alten Schildower Straße. Bald kommen die Moorwiesen ins Blickfeld. Hinter dem Kindelfließ heißt die Straße Hermsdorfer Straße. Gleich ist die Kurze Straße erreicht. Rechts biegt man ein und dann links in die Wiesenstraße. Die Straße wird zum ehemaligen Kolonnenweg der Grenzsoldaten. Er führt über die Brücke am **Tegeler Fließ** 34, dem Bach, nach dem auch die umgebende Sumpflandschaft heißt. Links liegt der romantische Köppchensee.

Wer die Dorfidylle von Lübars anschauen möchte, der radelt am Schildower Weg rechts. Der Dorfkern **Alt-Lübars** 35 wurde zum Denkmal erklärt. Es ist das einzige erhaltene Dorf in Berlin. Hier gibt es zahlreiche Reiterhöfe und den Alten Dorfkrug Lübars.

Der Mauerweg erreicht die Bahnhofstraße. Hier durchbrach der Lübarser Bauer Helmut Qualitz mit seinem Traktor die Mauer, aber erst am 16. Juni 1990. Geradeaus kommt man an die Bahnlinie der **„Heidekrautbahn“** 36 , heute mit Museumsbetrieb. Sie verband die Barnimer Heidelandschaft mit dem Bahnhof Wilhelmsruhe. Man radelt nach rechts und wechselt am Bahnübergang die Seite. Immer geradeaus gelangt man an die Quickborner Straße und wechselt dort wieder die Bahnseite. Dann ist der Wilhelmsruher Damm er-

Highlights am Wegesrand  34

Das Tegeler Fließ

Ein einzigartiges Wandergebiet im Berliner Norden

Das Tegeler Fließ schlängelt sich rund 14 Kilometer durch eine weitgehend naturnahe Landschaft, bevor es in den Tegeler See mündet. Ausgedehnte Wiesen, Erlenbrüche und Grauweidengebüsch säumen das Fließ und bilden eine der schönsten Naturlandschaften Berlins. Große Teile des Natura-2000-Gebiets lassen sich länderübergreifend zwischen Berlin und Brandenburg auf einem 7 km langen Wanderweg erkunden. Der Weg führt teilweise über Bohlenstege. Beeindruckend ist der Abschnitt im NSG Tegeler Fließ zwischen Hermsdorf und Lübars. Von Lübars kann man den Weg in Richtung Schildow fortsetzen. So gelangt man zum NSG Niedermoorwiesen. Besonders schön ist es dem Wanderweg „Barnimer Dörferweg“ zu folgen. Er gehört zu den bekanntesten Wanderwegen im Norden von Berlin und verbindet historische Ortskerne von Tegel bis Ahrensfelde.

Lohnenswerter Schlenker 35

Alt-Lübars

Das älteste Dorf Berlins

Es liegt am Tegeler Fließ im Berliner Bezirk Reinickendorf. Ein Dorf, in dem heute noch Landwirtschaft und Pferdezucht betrieben wird.

Im Landbuch Karls IV. von 1375 wird Lübars mit 28 Hufen erwähnt. Also nur 28 Bauern hatte das Dorf. Dann gab es noch sechs Kossäten, einen Schulzen sowie einen Krug. Ein Kossat wohnte in einer Kate des Grundherrn, besaß nur wenig Land und musste seinem Herrn bei der Ernte helfen. Der Schulze oder Schultheiß war der Bürgermeister. Gefeiert wurde im Dorfkrug, der Gaststätte in der Wein und Bier ausgeschenkt wurde. Seit 1230 gibt es das Dorf, das zu dieser Zeit dem Benediktinerinnenkloster Spandau gehörte.

Mit dem Bau der Berliner Mauer 1961 ging die landwirtschaftliche Fläche im Osten verloren. Heute hat Lübars einen alten Dorfkern, Reiterhöfe, Stallungen, funktionierende Bauernhöfe und Handwerksbetriebe. Im Haus Alt-Lübars Nr. 8 befindet sich der „Dorfkrug", der 1996 sein 100-jähriges Bestehen feierte. Im ehemaligen Tanzsaal des Dorfkruges, im „Labsaal", findet man sich auch heute gern zusammen.

Auf dem Dorfanger steht die Dorfkirche von 1793.

reicht. Rechts erhebt sich das **Märkische Viertel**, Trabantenstadt für über 40.000 Menschen. Es wurde von Berlinern wegen seines schlechten Images verbal zum „Merkwürdigen Viertel". Das Märkische Viertel ist Begleiter bis zum Nordgraben. In der Kurve quert man den Nordgraben und radelt in der Heinz-Brandt-Straße bis an die Bahnbrücke. Dort biegt man links in den Weg ein. Bald erreicht man die Bahnunterführung und unterfährt sie. Der Weg links führt zum S-Bahnhof Berlin-Wilhelmsruh an der Lengeder Straße. An der Einmündung mit der Kopenhagener Straße unterfährt man

Vor der Dorfkirche liegt der Dorffriedhof. Einige Grabsteine tragen die Namen von Bauernfamilien des Dorfes: Qualitz, Kühne, Zabel-Krüger. Auch der Förster Bondick liegt hier begraben, der um 1875 den Ortsteil Waidmannslust, auf ehemals Lübarser Bauernland, gegründet hatte.

die Bahnbrücke und nimmt den Weg rechts entlang der Bahn zur Klemkestraße. Dort ist der Gedenkort zum Tod von Horst Frank. Das Gebiet um den S-Bahnhof Wilhelmsruh im Ost-Berliner Bezirk Pankow war seit dem Mauerbau ein Schwerpunkt der Fluchtbewegung. Heute sind die Mauerstreifen Teil des **„Grünen Bandes Berlin“**. An der Klemkestraße stehen die Stelen der Maueropfer Silvio Proksch, Wernhard Mispelhorn, Horst Einsiedel und Horst Frank. Horst Frank hatte sich mit seinem Freund Detlev W. zur Flucht aus der DDR entschlossen. Er hatte einige Tage vor

Highlights am Wegesrand 36

Die Heidekrautbahn

Auf historischer Schiene durch's Mühlenbecker Land

Es ist beschlossen: 2019 unterzeichneten die Länder Berlin und Brandenburg gemeinsam mit der Niederbarnimer Eisenbahn eine Planungsvereinbarung zur Reaktivierung der Heidekrautbahn auf ihrer alten Stammstrecke.

Damals fuhr die Heidekrautbahn von Berlin-Wilhelmsruh über Blankenfelde, Schildow, Mühlenbeck und Schönwalde nach Basdorf, wo sie sich verzweigt. Mit dem Bau der Berliner Mauer wurde der Bahnhof Wilhelmsruh geschlossen und die Strecke in diesem Bereich abgebaut.

Bis zur Teilung Berlins 1961 nutzten viele Berliner die Bahn zu Ausflügen in die Schorfheide. Der Endpunkt der Strecke, die Ortschaft Groß Schönebeck, galt als das Tor zur Schorfheide.

Der Verein Berliner Eisenbahnfreunde veranstaltet auf dem für den Personenverkehr ungenutzten südlichen Streckenabschnitt der Heidekrautbahn Museumsfahrten. Dann schnaufen Dampflokomotiven, ein Schienenbus und andere historische Fahrzeuge ab dem Haltepunkt Märkisches Viertel am Wilhelmsruher Damm Richtung Heide, über Schildow, Mühlenbeck und Schönwalde bis Basdorf.

Museumsfahrten finden auf dem südlichen Streckenabschnitt statt. Informatinen hierzu unter: www.berliner-eisenbahnfreunde.de

Fahrkarten:
Online oder Tourist-Information Wandlitz unter (033397) 67277

Heidekrautbahn-Museum
16348 Wandlitz, OT Basdorf,
An der Wildbahn 2 a
Öffnungszeiten siehe Homepage.

Wissenswertes im Gepäck

Märkisches Viertel

Fördergebiet und Imagewandel

Das Märkische wird von Berlinern immer noch als „Merkwürdiges Viertel“ bezeichnet. Eine Trabantenstadt im Bezirk Reinickendorf für über 40.000 Menschen, von mehr als 35 in- und ausländischen Architekten geplant und von 1963 bis 1974 gebaut. Es entstanden farbige Hochhausketten in gestaffelten Höhen, die Einfamilienhäuser umgaben. Das Märkische Viertel entwickelte bald einen schlechten Ruf, der weit über Berlin hinausreichte. Im Reiseführer Berlin für junge Leute von 1983 stand „… das kam daher, dass in den ersten Jahren nur eine mangelhafte Infrastruktur vorhanden war. Das heißt, es gab zu wenig Geschäfte, Restaurants und Kneipen; zu wenig Schulen, Kindergärten und Spielplätze“. Ein weiteres Problem stellte die Herkunft der neuen Bewohner dar. Sie kamen oft aus Sanierungsgebieten der Innenstadt und mussten aus ihrem vertrauten Kiez heraus. Dann wurde aufgewertet und die Infrastruktur verbessert. Das große, zentrale Einkaufszentrum, die Märkische Zeile, wurde um die Shopping-Mall Märkisches Zentrum erweitert, der Freizeitpark Lübars gebaut, energetisch modernisiert, Kindergärten und Schulen erweitert. Mit den Jahren entstand hier ein neuer Kiez, da sich die Bewohner mit ihrem Viertel identifizierten. Das Quartier hat heute als 10. Ortsteil von Reinickendorf sogar ein eigenes Ortsteilwappen.

Das Grüne Band Berlin

Grünzüge an der ehemaligen Mauer

Angelehnt an das „Europäische Grüne Band“ reicht das „Grüne Band Berlin“ von der Innenstadt bis zum Berliner Barnim. Es folgt auf 15 km den ehemaligen innerstädtischen Grenzverlauf. Stationen sind u. a. der Park auf dem Nordbahnhof, die Gedenkstätte Berliner Mauer, der Mauerpark, der Schwedter Steg, der Platz des 9. November am S-Bahnhof Bornholmer Straße. Nach Norden folgen die Reste von Grenzanlagen am S-Bahnhof Wollankstraße, das Grüne Band Schönholz, der tief eingeschnittene Nordgraben, die Freiräume zwischen dem Märkischen Viertel und dem Dorf Rosenthal sowie das Tegeler Fließ.

Die Panke

Stadtfluss mit Imagewandel

Der Volksmund hieß es: „Am Schiffbauadamm Numma zwee, da fließt de Panke in de Spree.“

27 Kilometer fließt sie von Bernau bis zur Mündung in die Spree. An ihrem

Weg liegt Schloss Schönhausen in Pankow. Friedrich I. hatte dieses 1691 erworben und wollte es von seinen anderen Schlössern per Schiff erreichen, statt mit der Kutsche über staubige Landstraßen zu rumpeln. Die königliche Gondel verkehrte bereits über die Spree vom Stadtschloss nach Monbijou, Lietzenburg und Ruhleben. Damit seine Gemahlin Königin Elisabeth Christine ihre Sommerresidenz zu Wasser erreichen konnte, wurde die Panke kanalisiert, von der Schulzendorfer Straße aus zum Nordhafen und weiter zur Spree an der Kronprinzenbrücke. Baubeginn war 1704. Was nach dem Abzweig übrig blieb hieß dann Südpanke, ein Rinnsal, das später verrohrt wurde und am Berliner Ensemble aus einem Loch in die Spree mündet.

Im Wedding erwarb sich der Stadtfluss seinen üblen Ruf als „Stinkepanke“. Gerbereien, Färbereien, Schlachthäuser, Brauereien, Butterfabrikationen und chemische Betriebe siedelten an der Panke und leiteten ihre Abwässer ein. „Wo die Panke mit Gestanke durch den Wedding rinnt, da halten sich die Nase zu, Mann und Frau und Kind“, wusste der Volksmund.

Heute wird die Südpanke wieder ans Tageslicht geholt und durchfließt einen Grünzug, dann den Pankepark. Sie streift die Charité, die „Sammlung Boros“ im Reichsbahnbunker, bis sie unterhalb des Berliner Ensembles am Berthold-Brecht-Platz die Spree erreicht.

Lohnenswerter Schlenker 37

Schloss Schönhausen

Von der königlichen Sommerresidenz zum Zentrum sozialistischer Repräsentation

Kurfürst Friedrich III. erinnerte sich wohl an die Familientreffen mit den befreundeten Dohnas in Schönhausen und kaufte 1691 deren dreigeschossiges Gutshaus. Der baufreudige Herrscher ließ den Neuerwerb zu einem weiteren seiner Lustschlösser ausbauen. Fortan blieb es bis 1918 im Besitz der Hohenzollern.

Schloss Schönhausen wurde Schauplatz geheimer Verhandlungen. Kurfürst Friedrich III. wollte für sich eine Krone. Seine Emissäre handelten für ihren Kurfürsten den Titel eines „Königs von Preußen" aus. Am 16. Nov. 1700 wurde der Kronkontrakt mit dem Kaiser geschlossen. Am 18. Januar 1701 setzte sich Kurfürst Friedrich im Audienzsaal des Königsberger Schlosses eigenhändig die Krone aufs Haupt und trug nun den Titel König Friedrich I. von Preußen.

Von 1740 bis 1797 war es dann Sommerresidenz der preußischen Königin Elisabeth Christine, die Gemahlin Friedrichs des Großen.

Ihr verdankt das Schloss Schönhausen seine heutige Größe und Gestaltung. Neben dem prächtigen Festsaal und dem eleganten Treppenhaus sind in den Wohn- und Repräsentationsräumen der Monarchin wertvolle Tapeten und kostbare Einrichtungsgegenstände zu besichtigen. Die Nationalsozialisten machten es zum Depot für die „Entartete Kunst". Dort lagerten Tausende beschlagnahmte Kunstwerke. Sie wurden devisenbringend ins Ausland verkauft.

Nach dem Zweiten Weltkrieg diente das Schloss dem Staatsoberhaupt der DDR, Wilhelm Pieck, als Amtssitz. Auch unter dem Staatsratsvorsitzenden Walter Ulbricht blieb es bis 1964 das oberste Regierungegebäude der DDR. Dann wurde es Gästehaus der DDR-Regierung, in dem die hochrangigsten Staatsgäste wie Leonid Iljitsch Breshnew, Fidel Castro und Michail Gorbatschow logierten.

Öffnungszeiten:
1. 11.–31. 3., Sa. und So.: 10–16 Uhr;
1. 4.–31. 10., Di. bis So.: 10–17.30 Uhr.

Wissenswertes im Gepäck

Museum Pankower Machthaber

Das geheime Leben der DDR-Bonzen

Die Ausstellung in den Torhäusern des Schlosses Schönhausen dokumentiert die Geschichte des Areals nach 1945. Niederschönhausen, das Schloss und das benachbarte Wohnviertel wurde 1945 von der Roten Armee besetzt und zum Sperrgebiet erklärt. Die Bewohner mussten ihre Häuser räumen. Sowjetische Offiziere zogen ein, ebenso die aus der Moskauer Emigration zurückgekehrten Spitzenfunktionäre der KPD aus der „Gruppe Ulbricht". Es wurde ab 1949 Amtssitz des Präsidenten der DDR, Wilhelm Pieck und Schauplatz der Vereidigung der ersten DDR- Regierung.

Am 7. Oktober 1949 erklärte sich der 2. Deutsche Volksrat unter dem Vorsitz von Wilhelm Pieck zur Provisorischen Volkskammer und setzte die Verfassung der Deutschen Demokratischen Republik in Kraft. Fünf Monate nach der Gründung der Bundesrepublik entstand somit offiziell ein zweiter deutscher Staat, unter dem Einfluss der Sowjets.

Im Wohnviertel am Majakowskiring lebten die politischen Repräsentanten der DDR in einer geschlossenen Gesellschaft. Das „Städtchen" wurde von Sicherheitskräften bewacht, bis die DDR-Größen dann 1960 nach Wandlitz zogen. Dort entstand eine neue geschlossene Siedlung, die Waldsiedlung, für die Mitglieder des Politbüros. In Prenden bei Wandlitz wurde dann auch der „Honecker-Bunker" gebaut. 1983 bis zum Mauerfall war die Ausweichführungsstelle (AFüSt) des NVR rund um die Uhr einsatzbereit.

2003 musste auch der letzte Generalsekretär der SED, Egon Krenz, sein Haus am Majakowskiring räumen.

dem 29. April 1962 eine geeignete Stelle an der Kleingartenkolonie Schönholz zur Flucht gefunden. Im Schutze der Dunkelheit überwinden beide die ersten Grenzanlagen. Dann peitschen Schüsse durch die Nacht und Horst Frank bricht getroffen zusammen, stirbt. Sein Freund, Detlev W., entkommt unverletzt nach West-Berlin.

Links folgt man der Klemkestraße ein kurzes Stück bis vor die Informationstafel zur Berliner Mauer, biegt rechts in den Weg ein und gelangt zur Provinzstraße. Gegenüber schwenkt man in die Buddestraße ein und dann links in die Schützenstraße. Rechts geht es in die Straße Am Bürgerpark, am Friedhof Pankow vorbei und zur Wilhelm-Kuhr-Straße. Hier fließt die **Panke**, die dem Berliner Bezirk Pankow den Namen gab.

Wer sich **Schloss Schönhausen** 37 ansehen möchte, der biegt an der Wilhelm-Kuhr-Straße links ab und radelt um den Bürgerpark Pankow herum zur Schönholzer Straße. Die Straße queren zur Parkstraße, dann links zum Museum **„Die Pankower Machthaber“** und Schloss Schönhausen. Es lohnt die gut zwei Kilometer Weg.

Wer dem Berliner Mauerweg folgt der radelt rechts unter der Bahnbrücke durch und folgt dann links der Nordbahnstraße zum S-Bahnhof Berlin-Wollankstraße/Pankow. Ziel erreicht.

Essen, Trinken & Durchatmen

Ein kulinarischer Abzweig

Greenhouse California Grill & Bar
Küche: ***traditional flavours & modern american influences***
Spezialität: ***Premium Burger***
Preis: ***mittel***
Übernachtungsmöglichkeit: ***nein***

Greenhouse
Oranienburger Chaussee 10
16548 Glienicke/Nordbahn
Tel. +49 33056 246800
www.greenhouse-california.de

Taverna Orakel Hellas
Küche: ***griechisch – mediterran***
Spezialität:
Xifas Piperatos (Schwertfisch)
Preis: ***mittel***
Übernachtungsmöglichkeit: ***nein***

Restaurant Taverna Orakel Hellas
Dannenwalder Weg 70
13439 Berlin
Tel. +49 30 41720959
www.taverna-orakel.de

Straße der Tragödien

15 km

hm **27** Abstieg
16 Aufstieg

Streckenprofil

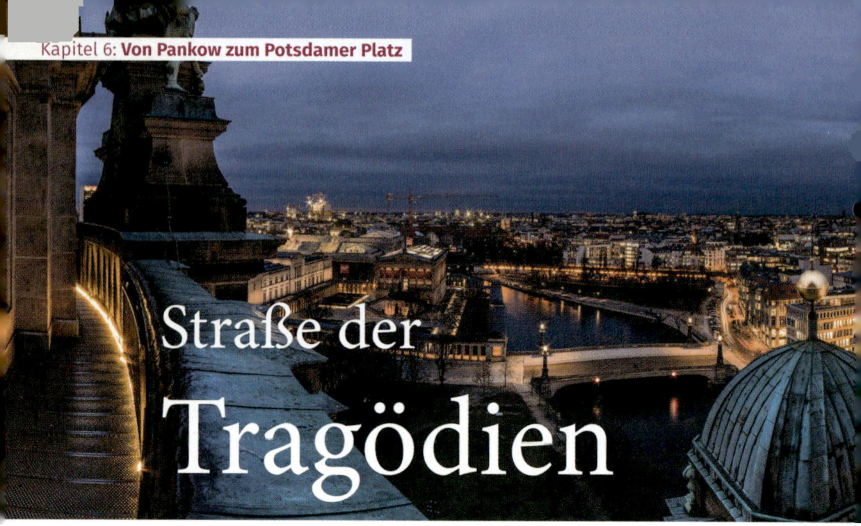

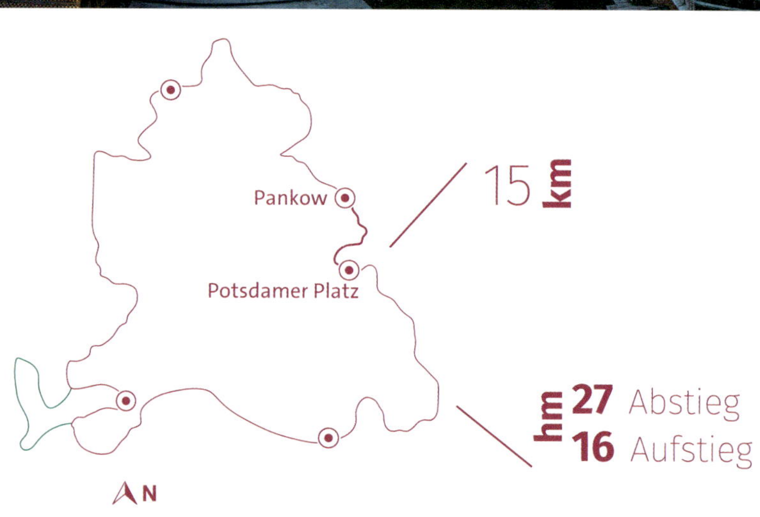

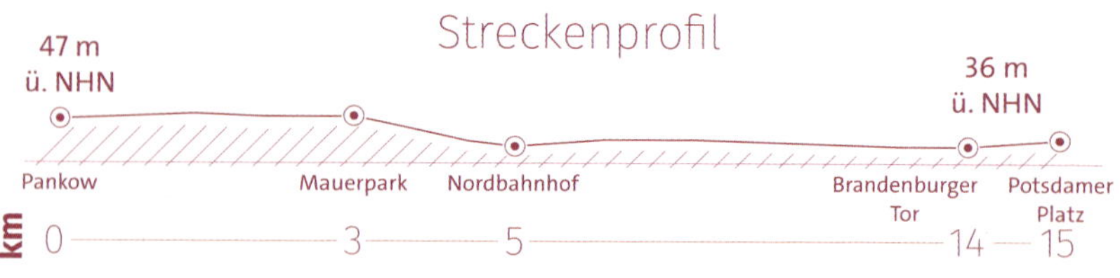

Das Empfangsgebäude des **S-Bahnhofs Wollankstraße** 38 erstrahlt nach der Restaurierung 1994 wie zur Eröffnung. Der Bahnhof lag zu Mauerzeiten in Ost-Berlin, war aber für Westberliner zugänglich. Hier gab es aufsehenerregende Fluchtversuche.

Die letzten Kilometer des Berliner Mauerweges beginnen an der Nordbahnstraße zur Einmündung mit der Wollankstraße. Rechts und gleich links radelt man durch die Steegerstaße zur Grüntaler Straße. Dort biegt man links ab und radelt durch die Bahnunterführung. Hinter der zweiten Brücke fährt man rechts auf dem Kirschblütenweg zur **Bornholmer Straße** 39.

Am 9. November 1989 um 22.30 Uhr öffnete sich hier der Schlagbaum am Grenzübergang und Menschenmengen strömten über die Bösebrücke nach West-Berlin. Ein langes Stück Hinterlandmauer aus Betonplatten und Stahlbetonpfeilern erinnert hier, am Platz des 9. November 1989, an diesen Tag.

Wieder hinunter an die Gleisanlagen und der Norwegerstraße zur Straßenunterführung Behmstraße folgen. Links geht es auf die Straßenbrücke und wieder links auf den Schwedter Steg. Der führt zur Schwedter Straße und zum **Mauerpark** 40.

Hier am S-Bahnhof Gesundbrunnen war die Heimat des Fußballvereins Hertha BSC, der an der „Plumpe“ spielte.

Links vom Mauerpark liegt der Friedrich-Ludwig-Jahn-Sportpark mit dem gleichnamigen Stadion. An der Einmündung zur Bernauer Straße biegt man rechts ein.

Hier stand auf der Straße ein Podest, auf dem Touristen und Berliner von

Highlights am Wegesrand

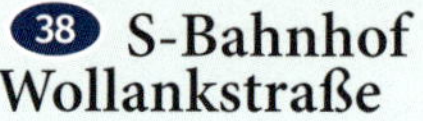

38 S-Bahnhof Wollankstraße

Der geteilte Bahnhof

Er war eine Besonderheit. Der Bahnhof lag in Ost-Berlin, der Zugang aber in West-Berlin. Er war in Betrieb und konnte vom Westteil aus ohne Kontrolle benutzt werden. Aufsehen erregte er im Jahr 1962, als nach einer Senkung der Bahnsteigoberfläche ein Fluchttunnel entdeckt wurde, der vom Westen aus gegraben worden war.

Seit 1991 stehen am Bahnhof 120 japanische Kirschbäume als Erinnerung an die Berliner Mauer. Die Kirschbaumallee setzt sich an der Bösebrücke fort. Bei seiner Eröffnung 1877 hieß der Bahnhof noch Prinzenallee und war bis 1891 nur ein Bedarfshalt an der Nordbahn. Sie verkehrte vom Stettiner Bahnhof in Berlin, er wurde dann in Nordbahnhof umbenannt, über Oranienburg nach Neubrandenburg und Stralsund.

39 Grenzübergang Bornholmer Straße

Kirschblüten zur Erinnerung

Unter dem Druck der Ost-Berliner Bürger musste der Grenzübergang als erster der sieben Berliner Grenzübergänge geöffnet werden. Nachdem die DDR-Regierung am Abend eine neue Reiseregelung verkünden ließ, wollten die Leute aus Pankow und Prenzlauer

Berg sofort West-Berlin einen Kurz-Besuch abstatten.

Im Osten der Brücke steht noch ein Stück „Hinterlandmauer“, das den ehemaligen Grenzübergang Bornholmer Straße gegen die Laubenkolonie „Bornholm“ abgeschirmt hat.

Am 9. November 2011 wurde vor der Laubenkolonie der „Platz des 9. November 1989“ der Öffentlichkeit übergeben. Eine Open-Air-Ausstellung erzählt über die friedliche Revolution in der DDR und über Grenzanlagen und Übergänge.

An der Bösebrücke beginnt dann auch der Kirschblütenweg, besonders schön anzusehen zur Kirschblüte Anfang Mai.

Der Mauerpark

Vom Todesstreifen zum Szenetreff

Er gehört zum „Grünen Band Berlin“, das der Berliner Mauer im ehemals geteilten Berlin folgt, vom Hauptbahnhof bis zum Tegeler Fließ. Mit dem Projekt wird die weitgehende Erhaltung der naturbelassenen ehemaligen Grenzstreifen angestrebt. Zum Mauerpark wurde der ehemalige Mauerstreifen zwischen Prenzlauer Berg und Wedding 1995. An den Wochenenden wird er zum Szenetreff mit Flohmarkt, Grillen und Karaoke.

An der Rückseite des Friedrich-Ludwig-Jahn-Sportparks steht immer noch ein 300 Meter langer Rest der Hinterlandmauer. Die Geschichte des Geländes beginnt als Exerzierplatz im 19. Jahrhundert, wird dann zum Kopf- und Güterbahnhof für die Nordbahn und Grenzstreifen.

West nach Ost blicken konnten. Zwischen Schwedter und Strelitzer Straße finden sich vier Tafeln der Geschichtsmeile Berliner Mauer. Sie berichten von den Tagen und Schicksalen von Menschen, die sich auf ihrer Flucht von den oberen Stockwerken der Häuser an der Bernauer Straße in den Westen abseilten und von 57 Menschen, die durch einen Tunnel nach West-Berlin flohen.

Mauerreste an der **Bernauer Straße** markieren den Weg zur Gartenstraße zum **Besucherzentrum Gedenkstätte Berliner Mauer** 41. Entlang der Gartenstraße erblickt man Mauerreste und erreicht den Kreisverkehr unter der Bahnbrücke. Links folgt man der Liesenstraße zur Chausseestraße. Rechts einbiegen und dann der Boyenstraße zur Straße An der Kieler Brücke folgen. Dort steht das Bundeswehrkrankenhaus. Rechts herum radelt man an den Nordhafen, wo die Panke in den Spandauer Schifffahrtskanal mündet. Der Mauerweg führt am Kanal entlang, zum Wachturm und weiter zum Invalidenfriedhof. Am **Wachturm** ist die **Gedenkstätte von Günter Litfin** 42. Er war das erste Maueropfer, das von DDR-Grenzpolizisten am 24. August 1961 erschossen wurde. Sein Kreuz steht am Humboldthafen.

Der **Invalidenfriedhof** 43 ist ein 250-jähriges Abbild preußischer und deutscher Militärgeschichte. Namen

„Gitarren statt Knarren“

– Udo Lindenberg

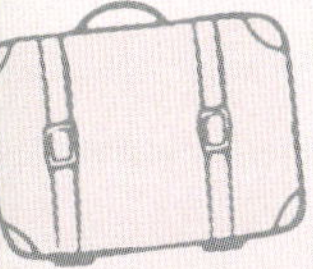

Wissenswertes im Gepäck

Udo Lindenberg

Der Sonderzug nach Pankow

Seitdem Rockmusiker Udo Lindenberg mit seinem 1973 gegründeten Panikorchester den Song „Sonderzug nach Pankow“ veröffentlichte, war Pankow plötzlich in aller „Ohren“.

„Entschuldigen Sie, ist das der Sonderzug nach Pankow? Ich muss mal eben dahin, mal eben nach Ost-Berlin…“. Erst 1983 gestattete das DDR-Regime einen einzigen Auftritt in der DDR, im Palast der Republik in Ost-Berlin. Vor 4.000 ausgesuchten FDJlern sang er 15 Minuten im Rahmen eines Konzertes der Internationalen Friedensbewegung. Den Sonderzug nach Pankow durfte er nicht singen. Seine wahren Fans, in der Zwischenzeit hatte Udo Lindenberg bei der DDR-Jugend schon Kultstatus erreicht, mussten draußen bleiben, vor dem „Palazzo Prozzi“.

Für eine Tournee durch die DDR 1984 hatte Lindenberg eine Hymne geschrieben: „Hallo DDR“. Es half nichts, die Tournee wurde abgesagt.

Erich Honecker besuchte 1987 zum ersten Mal die Bundesrepublik. Er wurde von Helmut Kohl mit militärischen Ehren empfangen. Honecker tourte durch die Bundesrepublik und traf in Wuppertal Udo Lindenberg. Vor dem Friedrich-Engels-Haus übergab Udo Lindenberg Honecker eine E-Gitarre mit dem Slogan „Gitarren statt Knarren“.

Lohnenswerter Schlenker 41

Die Bernauer Straße

Zentrale Erinnerungsstelle der Teilung Berlins

Die Bernauer Straße hat nach dem 13. August 1961 traurige Berühmtheit erlangt. Dramatische Fluchtversuche erschütterten die Weltöffentlichkeit. Menschen sprangen aus den Fenstern der Häuser die zu Ost-Berlin gehörten, während der Bürgersteig vor der Haustür schon West-Berliner Boden war. Alle Bewohner wurden zwangsgeräumt, dann die Fenster zugemauert und die Dächer mit Sperren versehen. Jahre später sind dann die Häuser abgetragen worden, um zu militärisch übersichtlichen Verhältnissen zu kommen.

Zwischen Schwedter und Strelitzer Straße markieren entlang der Bernauer Straße 4 Tafeln der Geschichtsmeile Berliner Mauer Orte, an denen Fluchtversuche stattgefunden haben: Tödlich endende, wie der von Ida Siekmann am 22. August 1961, spektakuläre, wie der des DDR-Grenzpostens Conrad Schumann oder erfolgreiche Fluchtversuche, wie der von 57 Menschen, die durch einen 140 Meter langen Tunnel nach West-Berlin gelangen konnten.

Die Tafel an der Strelitzer Straße erzählt, wie junge Westberliner 1964 den Tunnel gruben, vom Keller einer stillgelegten Bäckerei in der Bernauer Straße 97, zum Hof des Hauses in der Strelitzer Straße in Ost-Berlin.

Die Flucht des Grenzsoldaten Conrad Schuman hielt der Fotograf Peter Leibing im Bild fest. Das Foto „Sprung in die Freiheit“ entstand am 15. August 1961 in dem Augenblick, als Schumann über den Stacheldraht springend aus der DDR floh. Das Foto ging schnell um die Welt, wurde zur Medienikone des Kalten Krieges und gehört seit 2011 zum deutschen UNESCO-Weltdokumentenerbe.

Die Bernauer Straße ist seit 1998 die „Gedenkstätte Berliner Mauer“

und der zentrale Erinnerungsort der deutschen Teilung. Die Gedenkstätte beginnt mit einer Ausstellung im Nordbahnhof und dem Besucherzentrum gleich gegenüber an der Gartenstraße. Es zeigt und sammelt Dokumente, Fotografien, Karten, Pläne, Objekte, Archivakten und biografisches Material zur Geschichte der Berliner Mauer. Es folgt das „Fenster des Gedenkens“ vor dem Sophienfriedhof. Auf dem 12,80 m langen und 2,70 m hohen, freistehenden Stahlkorpus aus rostigem Stahl sind die Porträts der Toten, ihre Namen und Daten zu sehen. Es erinnert an die Menschen, die an der Mauer bei einem Fluchtversuch erschossen wurden oder tödlich verunglückten.

Unweit davon, an der Ackerstraße, liegt das Dokumentationszentrum. Auf 420 Quadratmetern widmet sich die Ausstellung der Geschichte der Teilung Berlins. Öffnungszeiten: Dienstag bis Sonntag von 10 bis 18 Uhr.

Gegenüber dem Dokumentationszentrum ist ein Teil der Grenzanlage zu besichtigen, die sich hier auf 40 Meter Breite am Sophienfriedhof entlangzog, mit Wachturm. Wachturm: Montag 10 bis 16 Uhr, Dienstag bis Sonntag 10 bis 18 Uhr.

Folgt man der Bernauer Straße zur Strelitzer Straße, wird der Bereich mit dem Titel „Die Zerstörung der Stadt“ erlebbar. Dort steht die moderne Kapelle der Versöhnung. Sie ist Raum der Besinnung und Andacht. Davor befinden sich der Glockenturm und das Archäologische Fenster.

Highlights am Wegesrand

42 Wachturm und Gedenkstätte Günter Litfin

Er wurde am 24. August 1961 das erste Opfer gezielter Schüsse an der Grenze zwischen Ost- und West-Berlin. Er versuchte durch den Humboldthafen nach West-Berlin zu schwimmen. Ost-Berliner Transportpolizisten eröffneten das Feuer und trafen ihn tödlich.

Die Gedenkstätte an ihn ist durch Initiative seines Bruders Jürgen in der ehemaligen „Führungsstelle“ der DDR-Grenztruppen, im Wachturm an der Kieler Straße, eingerichtet worden.

Jürgen Litfin wurde in der DDR verhaftet, dann von der Bundesregierung freigekauft und lebte anschließend in West-Berlin. Die Erinnerung an seinen Bruder ließ ihn jedoch nicht los. Er setzte sich für den Erhalt des Wachturms ein und eröffnete am 24. August 2003 den Gedenkort. Am Ort der gescheiterten Flucht seines Bruders, am Alexanderufer am Humboldthafen, steht sein Gedenkkreuz. Die Inschrift lautet: „Hier starb als erstes Opfer der Mauer Günter Litfin, 19. 2. 37–24. 8. 61 / ihm und allen Opfern der Mauer zum Gedenken“.

Die Grenze zu West-Berlin verlief am westlichen Ufer des Spandauer Schifffahrtkanals und Humboldthafens. Die Wasserflächen gehörten zu Ost-Berlin.

Invalidenfriedhof

Traditionsort deutscher Geschichte

Bis 1945 wusste jeder Berliner, wo der Invalidenfriedhof liegt. Zwangsläufig. Schulklassen gingen dorthin, Berliner promenierten durch die Geschichte, angezogen von preußischer Tradition und militärischen Staatsbegräbnissen.

Friedrich II. hatte nicht weit von der Charité 1748 für alte und verwundete Soldaten das Invalidenhaus und den Friedhof am Stadtrand des damaligen Berlin gegründet, um den Veteranen das übliche Los des Bettelns zu ersparen. Friedrich III. wollte dann, dass dort nur noch „Nobilitäten der Armee“ beigesetzt werden. Von den über 30.000 Bestattungen zwischen 1750 und 1950 waren 18.000 Soldaten, darunter elf Generalfeldmarschälle und Generaloberste, sieben preußische Kriegsminister, neun Admirale und rund 250 Generäle. Das machte den Friedhof zu einer Stätte „preußisch-deutschen Ruhms“. Der Alliierte Kontrollrat verlangte dann 1945, dass militärisch und nationalsozialistisch gewidmete Denkmäler beseitigt werden. 1951 wurde er geschlossen. Durch den Bau der Grenzanlagen 1961 ist er in weiten Teilen zum Todesstreifen geworden.

Trotz der Zerstörung bieten die 200 erhaltenen Grabmale noch immer einen Einblick in die wechselvolle Friedhofsgeschichte.

wie Winterfeldt, Scharnhorst und Tauentzien findet man auf den Grabsteinen. Schon ist die Invalidenstraße an der Sandkrugbrücke erreicht. Links steht das Bundesministerium für Wirtschaft und Energie. Am Alexanderufer folgt man dem Kanal und sieht

Wissenswertes im Gepäck

Charité

Vom Pesthaus zur Universitätsklinik

Die Charité, der Name steht für Barmherzigkeit, ist das älteste Krankenhaus von Berlin und mit über 3.000 Betten eine der größten Universitätskliniken Europas.

Der Verbund von Universitätskliniken mit fast 300 Professoren und Tausenden Studenten nimmt seinen Ursprung in einem 1710 geschaffenen Pesthaus. Am 9. Januar 1727 verfügte König Friedrich Wilhelm I., der „Soldatenkönig", die Umwandlung des Pesthauses in ein Bürgerhospital und ordnete in einer Randbemerkung an: „Es soll das Haus die Charité heißen." Erster Direktor wurde sein Leibarzt Theodor Eller. Seit 1810 wird hier geforscht und gelehrt. Das Haus wird 1949 zur Humboldt-Universität Berlin, aus der dann zahlreiche Nobelpreisträger für Medizin und Physiologie hervorgehen. Anlässlich der Vereinigung von Humboldt-Universität und Freie Universität Berlin 2003 besann man sich wieder auf den alten Namen und nennt sie Charité. Vier Standorte sind über Berlin verteilt: Der Campus Benjamin Franklin in Lichterfelde, Campus Berlin-Buch in Buch, Campus Charité Mitte in Berlin-Mitte und der Campus Virchow-Klinikum im Wedding.

Das Berliner Medizinhistorische Museum der Charité ist bekannt für seine pathologisch-anatomische Sammlung. Es befindet sich auf dem Campus Charité Mitte, Charitéplatz 1.

links die **Charité**. Am Humboldthafen unterfährt man die Gleise zum **Hauptbahnhof Berlin** 44 , der gleich gegenüber liegt. Schon steht man vor der Spree und folgt dem Kapelle-Ufer zur Kronprinzenbrücke. Geradeaus folgt man dem Schiffbauerdamm und der Spree. Im Marie-Elisabeth-Lüders-Haus erinnert das Mauer-Mahnmal **Parlament der Bäume** 45 an alle Menschen, die im Zusammenhang mit der Flucht in den Westen getötet wurden. An der Marschallbrücke geht es über die Spree und gleich rechts zum Reichstagsufer hinunter zum **Regierungsviertel** 46 . Am Friedich-Ebert-Platz erhebt sich das **Reichstagsgebäude** 47 mit seiner gläsernen Kuppel. 1995 wurde das Reichstagsgebäude eingewickelt, „Wrapped Reichstag“ hieß das Event. An der Scheidemannstraße liegt das Besucherzentrum Deutscher Bundestag, gleich daneben das Brandenburger Tor.

Kurz vor dem Ziel führt ein Abstecher durch den **Tiergarten** 48 zum Haus der Kulturen der Welt, gemeint ist die ehemalige Kongresshalle, die

Highlights am Wegesrand

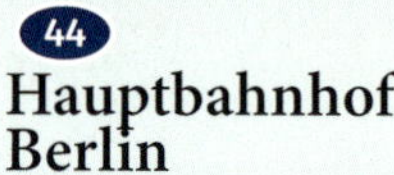

44 Hauptbahnhof Berlin

Vom verträumten Stadtbahnhof zum europäischen Kreuzungsbahnhof

Nach dem Fall der Berliner Mauer dachte der Berliner Senat über ein neues Verkehrskonzept nach. Anstelle des alten Lehrter Bahnhofs sollte ein vorbildlicher Kreuzungsbahnhof entstehen. Seit 1868 fuhren vom Lehrter Stadtbahnhof die Züge nach Lehrte in die Region Hannover.

Nach zehn Jahren Bauzeit öffnete 2006 in Berlin der „größte Kreuzungsbahnhof Europas" seine Türen, erbaut vom Architekturbüro von Gerkan, Marg und Partner. Die 321 Meter lange und 27 Meter hohe gläserne Halle der in Ost-West-Richtung verlaufenden Stadtbahn wird von der 180 Meter langen und 40 Meter breiten Bahnhofshalle und den darunterliegenden Gleisen in Nord-Süd-Richtung gekreuzt. 1.100 Züge halten täglich an 14 Bahnsteigen auf zwei Ebenen. Längst ist er mehr als ein Bahnhof: architektonisches Vorzeigeobjekt, Shopping-Center und Treffpunkt.

Vor dem Haupteingang steht die Skulptur „Rolling Horse". Ein sich krümmendes Pferd verbindet sich mit einem Eisenbahnrad. Im Kunstwerk des Künstlers Goertz wurden Teile des Lehrter Stadtbahnhofs integriert.

45 Das Parlament der Bäume

Gedenkort für 258 Tote

Das „Parlament der Bäume" ist ein vom Künstler Ben Wagin geschaffener Gedenkort für die Toten an der Berliner Mauer. Der Ort aus Bäumen, Gedenksteinen, Gegenstände der Grenzanlagen, Bildern und Texten ist von verschiedenen Künstlern gestaltet worden. Auf Granitplatten sind die Namen von 258 Mauertoten genannt. Für den Bau des Marie-Elisabeth-Lüders-Hauses, das die Bibliothek des Deutschen Bundestages beherbergt,

musste das „Parlament der Bäume“ verkleinert werden. Die Neu-Installation im Untergeschoss des Marie-Elisabeth-Lüders-Hauses besteht nun aus originalen Mauersegmenten, die mit Angaben zu den Maueropfern versehen sind. Stephan Braunfels, der Architekt des Marie-Elisabeth-Lüders-Hauses, lässt die Mauersegmente dem ursprünglichen Verlauf der Mauer folgen, ein Fremdkörper in seiner Architektur. Es wurde als „Mauermahnmal im Marie-Elisabeth-Lüders-Haus“ im September 2005 der Öffentlichkeit übergeben.

Das Mauermahnmal ist von der Promenade Schiffbauerdamm zugänglich: Freitag bis Sonntag 11 Uhr bis 17 Uhr.

Lohnenswerte Schlenker

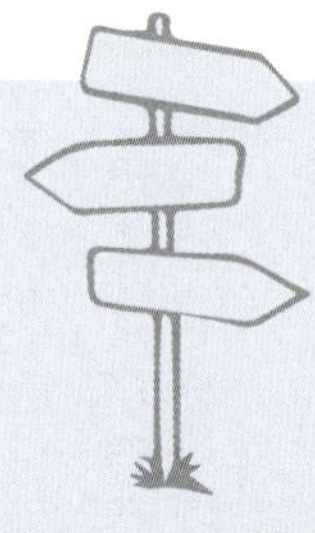

46

Das Regierungsviertel am Spreebogen

Das Marie-Elisabeth-Lüders-Haus bildet mit dem Paul-Löbe-Haus und dem Bundeskanzleramt ein Gebäudeensemble im Regierungsviertel am Spreebogen, das vom Münchner Architekten Stephan Braunfels geschaffene „Band des Bundes". Dieses Band soll den symbolischen Brückenschlag der einst getrennten Stadthälften symbolisieren. Die Fußgängerbrücke über der Spree verbindet die Häuser mit ihren Büros, Sitzungssälen, den Besucherdienst des Bundestags und ein Restaurant sowie die Parlamentsbibliothek, das Parlamentsarchiv und den Anhörungssaal.

Der Neubau des Bundeskanzleramts wurde 2001 bezogen. Nur vier Jahre dauerte der Bau des architektonisch beeindruckenden Gebäudes.

Eine Jury aus Architekten sowie Politikern aller Parteien auf Bundes- und

Landesebene entschieden sich am 18. Februar 1993 für den Entwurf der Berliner Architekten Axel Schultes und Charlotte Frank. Der damalige Bundeskanzler Helmut Kohl erteilte ihnen den Auftrag. Es entstanden zwei lange Gebäudezeilen, die den Kubus des Kanzleramts umschließen. Im fünften Geschoss liegen die Büros der Staatsminister, im sechsten Stock der große Kabinettssaal, in dem sich die Bundesregierung zu Beratungen trifft. Der Chef des Bundeskanzleramts und die Bundeskanzlerin haben ihre Büros im siebten Obergeschoss mit Blick auf den Reichstag.

Auf dem Ehrenplatz vor dem Kanzleramt steht die Plastik „Berlin" des spanischen Künstlers Eduardo Chillida.

47 Das Reichstagsgebäude

Sitz des Deutschen Bundestages

Mit der Proklamation des Deutschen Kaiserreichs 1871 wurde Berlin zur Reichshauptstadt und die Abgeordneten der süddeutschen Staaten bereicherten das Plenum. Das Preußische Herrenhaus, bisher Sitz des Reichstages, platzte aus allen Nähten. Ein würdiger Neubau musste her. Das Reichstagsgebäude am Tiergarten, erbaut 1894 nach Plänen des deutschen Architekten Paul Wallot. Hier tagten dann die Reichstage des Deutschen Kaiserreiches bis 1918 und ab 1920 auch die der Weimarer Republik.

Die Giebelinschrift „Dem Deutschen Volke" wurde im Jahre 1916 angebracht. Das Reichstagsgebäude ist seit 1990 Sitz des Deutschen Bundestages. Die Abstimmung über den zukünftigen Regierungssitz der Bundesrepublik fiel dort am 20. Juni 1991 zugunsten Berlins aus.
Der britische Architekt Sir Norman Foster baute das Haus in ein funktionales Parlament um und setzte die gläserne Kuppel über den Plenarsaal. An ihrer Innenseite winden sich zwei spiralförmig angelegte Wege bis zur Aussichtsplattform in die Höhe und wieder hinunter zur Dachterrasse. Die Kuppel ist täglich von 8 bis 24 Uhr geöffnet. Für einen Besuch muss man sich persönlich bei der Serviceaußenstelle des Besucherdienstes anmelden.

Eine ganz und gar unpolitische Aktion fand im Sommer 1995 statt. Der Reichstag wurde zum Kunstobjekt. Das Künstlerpaar Christo und Jeanne-Claude verhüllte das komplette Gebäude mit einer großen, silbernen Plane. Das verhüllte Reichstagsgebäude zog Millionen Besucher an, zahllose Bilder und Fotos der Kunstaktion verschafften dem Reichstagsgebäude internationale Popularität.

Mit dem Reichstagsgebäude verbunden sind wichtige Wendepunkte deutscher Geschichte: Am 9. November 1918 rief der SPD-Politiker Philipp Scheidemann vom Balkon die Republik aus. Am Abend des 27. Februar 1933 brennt der Reichstag. Dabei wurden der Plenarsaal und die Kuppel vollständig zerstört. Die rote Fahne der Sowjetunion weht am 30. April 1945 auf dem Reichstag und symbolisiert den Sieg über das „Dritte Reich".

Lohnenswerte Schlenker

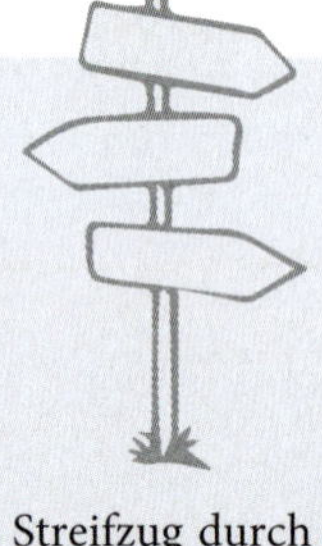

48

Der Tiergarten Berlin

Vom Lustgarten und Jagdrevier zum Volksgarten

New York hat den Central Park, London den Hyde-Park-Berlin den Tiergarten.

Zwischen Potsdamer Platz und Regierungsviertel, dem Brandenburger Tor und Bahnhof Zoo schlägt das grüne Herz Berlins. Die Berliner nutzen die großen Wiesen für Erholung, Sport und Freizeit. Im Süden des Tiergartens liegt verträumt der Neue See mit gemütlichem Café.

Durch seine Mitte führt die Straße des 17. Juni, auf der die gigantischen Silvesterfeiern stattfinden. Wenn man will: Berlins Partymeile mit Geschichte. 3,5 Kilometer lang und 85 Meter breit. Einst eine Allee von Schloss zu Schloss. Sie verband das Stadtschloss unweit des Alexanderplatzes – es wird gerade zum Humboldt Forum umgebaut – mit dem Schloss Charlottenburg an der Spree im Westen.

Ein Streifzug durch den Tiergarten führt zu besonderen Sehenswürdigkeiten: Das Schloss Bellevue, dort residieren die Bundespräsidenten, das Haus der Kulturen der

Welt, Berliner nennen es wegen seiner Dachform „schwangere Auster“. Direkt daneben bekam Berlin zur 750-Jahrfeier das „Carillon“. Ein Glockenspiel, das viertgrößte der Welt mit 68 Glocken, das jeden Sonntag um 15 Uhr ertönt.

Ein Ort des Gedenkens mitten in Berlin: Das Sowjetische Ehrenmal an der Straße des 17. Juni erinnert an die gefallenen Soldaten. Von der Schulter des übermannsgroßen Rotarmisten hängt sein Gewehr, zum Zeichen des Kriegsendes. Hinter dem Ehrenmal befindet sich der Friedhof für die 2.000 gefallenen Soldaten.

Im Herzen des Tiergartens erhebt sich die Siegessäule, liebevoll „Goldelse“ genannt, mit der goldenen Skulptur on Top, am Verkehrsknotenpunkt Großer Stern. Von der Plattform eröffnet sich ein Panoramablick weit über den Tiergarten hinaus. Unter dem 69 Meter hohen Zylinder fand einst die Abschlussparty der Love-Parade statt.

Dabei war die Siegessäule eigentlich den Siegen Preußens gegen Dänemark, Österreich und Frankreich gewidmet. Daher ist die Säule mit vergoldeten Geschützrohren verziert. Fünf Jahre brauchte Landschaftsgestalter Peter Joseph Lennée bis er 1838 die Vorstellungen von Kurfürst Friedrich III. in die Tat umgesetzt hatte. Aus dem Jagdrevier der preußischen Könige wurde ein Volkspark zur Erholung. Der Baumbestand des Tiergartens erlitt im Zweiten Weltkrieg großen Schaden. Vor allem die Kämpfe im Zentrum von Berlin waren für den Park katastrophal. Nach dem Krieg wurde der Park von der notleidenden Bevölkerung fast vollständig zu Brennholz gemacht. Die Wiederaufforstung des Parks begann im Jahre 1949 durch Baumspenden aus anderen deutschen Städten.

Highlights am Wegesrand 49

Das Humboldt Forum im Berliner Stadtschloss

Ort des Erlebens

Alexander und Wilhelm von Humboldt bereisten und erkundeten die Welt um 1800 mit offenen Augen und brachten einzigartige Stücke nach Berlin. In ihrem Sinne sind herausragende Sammlungen mit mehr als 20.000 Exponaten aus Asien, Afrika, Amerika und Ozeanien entstanden.

Ein besonderes Highlight des Humboldt Forums sind die einzigartigen Sammlungen des Ethnologischen Museums und des Museums für Asiatische Kunst der Staatlichen Museen zu Berlin. Gemeinsam mit den Sammlungen auf der Museumsinsel geben sie einen spannenden Überblick über die Kunst und Kulturen der Welt.

Der Deutsche Bundestag beschloss den Wiederaufbau des Berliner Schlosses als Humboldt Forum. Ein modernes Museums- und Wissenschaftszentrum mit den barocken Fassaden des Berliner Schlosses, gebaut nach Plänen des italienischen Architekten Prof. Franco Stella.

„Schwangere Auster", zum Schloss Bellevue und zur Siegessäule. Zurück an den Berliner Mauerweg geht es entlang der Straße des 17. Juni zum Brandenburger Tor.

Wie wäre es mit einer Verlängerung des Abstechers nach Osten, entlang der Prachtstraße Unter den Linden zur UNESCO-Welterbestätte Museumsinsel mit dem **Humboldt Forum** 49 im Berliner Stadtschloss, dem **Berliner Dom** 50, den weltberühmten Museen, wie dem **Pergamonmuseum** 51 und dem **Fernsehturm** auf dem **Alexanderplatz** 52 führt. Hört sich toll an, ist es auch. Gleich daneben liegen das **Rote Rathaus** 53 und das **Nikolaiviertel** 54. Dann geht es entlang der Leipziger Straße zum Potsdamer Platz, zum Ziel des Berliner Mauerweges.

Wer auf den Tiergarten, die Museumsinsel und Alex verzichtet, quert die Scheidemannstraße und radelt auf dem Simsonweg Richtung Brandenburger Tor. Links zwischen den Bäumen des Tiergartens liegt das Denkmal für die ermordeten Sinti und Roma während des Nationalsozialismus. Dann steht man vor dem **Brandenburger Tor** 55, ehemaliges Stadttor und Wahrzeichen Berlins. Es lag hinter der Mauer im sowjetischen Sektor der Stadt. Konrad Adenauer, John F. Kennedy, Michail Gorbat-

Lohnenswerte Schlenker Entlang des Weges

50 Der Berliner Dom

Eingangstor zur Museumsinsel

Mit seiner imposanten Gestalt gehört der Berliner Dom zu den Publikumsmagneten in der historischen Mitte Berlins. 270 Stufen führen zum Kuppelumgang in 50 Meter Höhe. Der Ausblick ist grandios: Blick auf das neue Humboldt Forum, die Museumsinsel, die Straße Unter den Linden, Synagoge, Alexanderplatz, Gendarmenmarkt, Reichstag und das Rote Rathaus.
Unter dem Dach des Doms gibt es zwei weitere Kirchen: Die Predigtkirche und die Traukirche.

Die Große Sauer-Orgel des Doms gehört zur ursprünglichen Ausstattung der Kirche. Im evangelischen Dom der Hauptstadt sollte ein repräsentatives, modernes, ein in jeglicher Hinsicht außergewöhnliches Instrument erklingen. Zur Einweihung 1905 galt die Orgel mit ihren 7.269 Pfeifen und 113 Registern als die größte in Deutschland.
Über das imposante Kaiserliche Treppenhaus betraten Kaiser Wilhelm II. und seine Gemahlin Kaiserin Auguste Victoria den Berliner Dom, mit direktem Zugang zur Kaiserloge im Obergeschoss der Predigtkirche. Das Treppenhaus ist neben dem Altarraum der prächtigste Teil des Doms.

In der Hohenzollerngruft des Doms liegen Angehörige des Hauses Hohen-

zollern seit dem späten 16. Jahrhundert begraben: Kurfürst Friedrich Wilhelm von Brandenburg, der Große Kurfürst, König Friedrich I., Königin Sophie Charlotte und Königin Elisabeth Christine.

51

Das Pergamonmuseum

Einzigartige Welt der Antike

Durch die eindrucksvollen Rekonstruktionen archäologischer Bauensembles wie dem Pergamonaltar, dem Markttor von Milet und dem Ischtar-Tor mit Prozessionsstraße von Babylon sowie der Mschatta-Fassade ist das Museum weltweit bekannt geworden. Die Berliner Antikensammlung ist eine der bedeutendsten Sammlungen antiker griechischer und römischer Kunst der Welt. Die umfangreiche Sammlung ist auf der Museumsinsel im Alten Museum, dem Pergamonmuseum und dem Neuen Museum zu bewundern. Das Vorderasiatische Museum widmet sich der Geschichte, Kultur und Kunst in Vorderasien. Das Museum für Islamische Kunst zeigt im Pergamonmuseum Kunst der islamischen Völker aus dem Vorderen Orient über Ägypten bis zum Iran vom 8. bis ins 19. Jahrhundert. Die Antikensammlung der Staatlichen Museen zu Berlin hat ihre Ursprünge in den kurfürstlich-brandenburgischen, später königlich-preußischen Kunstsammlungen. Ende des 19. Jahrhunderts war Deutschland durch fortschrittliche Grabungstechniken weltweit führend und mit Grabungen in Pergamon, Milet und Babylon vertreten. Empfehlenswert ist eine Führung zu den schönsten und eindrucksvollsten Objekten des Pergamonmuseums.

Öffnungszeiten:
Mo. bis Mi. 10–18 Uhr;
Do. 10–20 Uhr;
Fr. bis So. 10–18 Uhr.

Highlights am Wegesrand

Der Fernsehturm am „Alex“

Schauplatz der DDR

Der Fernsehturm prägt die Silhouette Berlins wie das Brandenburger Tor. Er ist zu einem Wahrzeichen des wiedervereinigten Deutschlands geworden und mit 368 Metern das höchste Bauwerk Deutschlands und überragt den alten Berliner Funkturm aus den 1920er Jahren an der AVUS um gut 200 Meter. Am 3. Oktober 1969 feierte man Eröffnung. Den Weg bis zum Aussichtsgeschoss auf 203 Metern Höhe schaffen die Fahrstühle in 38 Sekunden. Dann liegt ganz Berlin zu Füßen. Ein Super-Panorama. 21 Stufen über der Aussichtsetage befindet sich das Drehrestaurant.

Der Alexanderplatz in Berlin-Mitte ist unbestritten einer der bekanntesten Plätze Berlins. Und ganz sicher der größte. Benannt nach Zar Alexander I., der die Hauptstadt des Königreichs Preußen im Jahr 1805 besuchte. Die Berliner nennen ihn meist kurz „Alex“. Bis in die 1850er Jahre ist der Alexanderplatz ein Parade- und Exerzierplatz für das Militär gewesen.

Sein heutiges Gesicht erhält der Alexanderplatz erst Ende der 1960er Jahre. Zur Fußgängerzone umgebaut wird der Verkehr seither um den Platz herumgeführt. Zeitgleich entstehen das ehemalige Centrum-Warenhaus, die sich anschließenden Alex-Passagen, die Welt-

zeituhr und der Brunnen der Völkerfreundschaft, das Rote Rathaus, nicht zu vergessen der Fernsehturm. Der Alex wird zum Schauplatz von DDR-Großveranstaltungen.

53 Das Rote Rathaus am Alexanderplatz

Das Rote Rathaus ist Sitz des Regierenden Bürgermeisters, der Senatskanzlei und Tagungsort des Senats von Berlin. Am 6. Januar 1870 tagte die Berliner Stadtverordnetenversammlung zum ersten Mal im kurz zuvor fertiggestellten Rathaus. Mit seiner roten Klinkerfassade, daher auch sein Name „Rotes Rathaus“, stellte es einen starken Kontrast zu den anderen repräsentativen Bauten in der Stadtmitte dar. Schon zu Kaisers Zeiten galt es mit seinem 94 m aufragenden Turm (mit Fahnenstange) als das Symbol des Selbstbewusstseins der Berliner Bürgerschaft.

Im Oktober 1991 zog der Bürgermeister vom Schöneberger in das Rote Rathaus um. Im großen Innenhof an der Jüdenstraße sind Gedenktafeln zur ersten Sitzung des Magistrats 1865, der ersten Stadtverordnetenversammlung 1870 und zum Zusammentritt des Ersten Deutschen Reichstages am 17. April 1871 in Anwesenheit von Kaiser Wilhelm I. zu sehen.

Lohnenswerter Schlenker 

Das Nikolaiviertel

Altstadtflair mitten in Berlin

Der Charme des alten Berlins, mittelalterlich anmutende, enge Gassen, kleine Häuser, wird im idyllischen Nikolaiviertel wieder lebendig. Die quirlige Großstadt bleibt zurück. Nur der Fernsehturm über den Dächern erinnert noch daran.

Künstler wie Kleist, Hauptmann, Ibsen, Casanova, Strindberg oder Lessing lebten oder logierten hier. Bombenangriffe zerstören schließlich das Viertel 1944.

Zum 750. Stadtjubiläum Berlins 1987 wird das Viertel unter Leitung des Architekten Günter Stahn rekonstruiert. Nach historischen Vorbildern sind Häuser und Straßen nachgebildet, so dass die Illusion eines Stücks Alt-Berlin entsteht.

Besonders schön sind das Ephraim-Palais, der Gasthof Zum Nussbaum, das Wohnhaus von Gotthold Ephraim Lessing und das Knoblauchhaus, in dem sich eine Ausstellung über die Zeit des Biedermeier und die einflussreiche Familie Knoblauch befindet.

Das Ephraim-Palais mit seiner sanft geschwungenen Rokokofassade ist ein Meisterwerk der Berliner Palais-Architektur des 18. Jahrhunderts. Wechselnde Ausstellungen stellen Berliner Geschichte und Kultur vor. Ebenso schön ist der Barockbau des Knoblauchhauses von 1760, dessen Räumlichkeiten mit den wertvollen Möbeln einen

schow, Ronald Reagan, West- wie Ost-Berliner Staatsgäste besuchten die Berliner Mauer am Brandenburger Tor. Ost-Berliner Gästen wurde allerdings der „Antifaschistische Schutzwall“ gezeigt. Jetzt folgt man der Ebertstraße und erkennt gegenüber das **Denkmal für die ermordeten Juden Euro-**

spannenden Einblick in die großbürgerliche Welt vermitteln.

Die Nikolaikirche ist das Herz des Viertels. Hier gibt es eine Dauerausstellung zur Geschichte der Kirche und des Nikolaiviertels und jeden Freitag um 17 Uhr ein Orgelkonzert.

Mit Charme und zahlreichen Restaurants, Cafés und Kneipen gehört es zu den beliebtesten Sehenswürdigkeiten der Stadt.

pas 56 . Auf dem Gelände wurden 2.711 Betonquader errichtet. Dann quert man die Lennéstraße und spürt bereits das quirlige Treiben des Potsdamer und Leipziger Platzes. Hier schließt sich der Mauerring und ein eindrucksvolles Stück deutscher Geschichte.

Highlights am Wegesrand

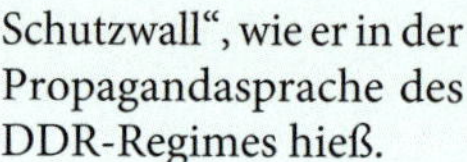

55

Das Brandenburger Tor

Ein Ort mit nationalem Symbolcharakter

In der Nacht zum 13. August 1961 begann am Brandenburger Tor die vollständige Absperrung der Grenze. Wasserwerfer und Schützenpanzer fuhren auf. Angehörige der „Betriebskampfgruppen" postierten sich vor dem Wahrzeichen Berlins.

Das Brandenburger Tor lag jetzt unmittelbar hinter der Grenzlinie im sowjetischen Sektor der Stadt. Den Pariser Platz hatten Grenzschließung und Ausbau der Sperranlagen zum Teil des Grenzstreifens gemacht. West- wie Ost-Berliner Staatsgästen wurde die Mauer vor Augen geführt: John F. Kennedy, Michail Gorbatschow, Ronald Reagan. Den Ost-Berliner Staatsgästen allerdings der „Antifaschistische Schutzwall", wie er in der Propagandasprache des DDR-Regimes hieß.

Politische Veränderungen in der Sowjetunion, der Warschauer Pakt widerruft die „Breschnew-Doktrin" über die eingeschränkte Souveränität der Ostblockstaaten, machten die friedliche Revolution der DDR-Bürger möglich.

Am 4. November gehen Hunderttausende DDR-Bürger auf die Straße, fordern Reformen, freie Wahlen und Meinungsfreiheit. Daraufhin treten am 7. November die Regierung und der Ministerrat der DDR zurück und einen Tag später das SED-Politbüro.

Am Abend des 9. November 1989 gab Politbüromitglied Günter Schabowski eine neue Ausreiserichtlinie bekannt, nach der eine Ausreise sofort möglich war. Unter dem Druck der Bürger wurden die Grenzübergangsstellen geöffnet. Der Weg durch das Brandenburger Tor war wieder frei. Noch im Frühjahr 1989 hatte der SED-Vorsitzende Erich Honecker versichert, die Mauer werde „noch in 50 und 100 Jahren“ stehen.

Friedrich Wilhelm II., König von Preußen, ließ das Brandenburger Tor 1793 errichten, als Abschluss der Prachtstraße Unter den Linden, einst Reitweg zwischen dem Stadtschloss und Tiergarten. Das Tor krönt die Quadriga. Auf einem Viergespann bringt die Siegesgöttin Viktoria den Frieden in die Stadt. So wird die Skulptur auf dem Brandenburger Tor gedeutet.

56 Denkmal der ermordeten Juden Europas

Oben ein wellenförmiges Feld aus 2.711 Betonquadern, unter dem Holocaust-Mahnmal der „Ort der Information“. Die unterirdische Ausstellung dokumentiert die Verfolgung und Vernichtung der europäischen Juden und die historischen Stätten der Vernichtung. Die Erinnerung an den Holocaust wird anhand von Familiengeschichten aus den sehr unterschiedlichen jüdischen Lebenswelten aufbereitet. Der Ort der Information wurde von Dagmar von Wilcken gestaltet. Der New Yorker Architekt Peter Eisenman schuf darüber ein steinernes Feld aus Quadern, die durch ihre wechselnden Höhen optische Dynamik entwickeln. Ihre Farbe variiert je nach Standpunkt und Wetter zu zahlreichen Grautönen.

Am 10. Mai 2005 fand die Eröffnung des Mahnmals vor 1.300 Gästen aus aller Welt statt. Neben Bundespräsident Horst Köhler, Bundeskanzler Gerhard Schröder, dem Vorsitzenden der Bischofskonferenz, Karl Kardinal Lehmann und dem Präsidenten des Zentralrats der Juden, Paul Spiegel, wohnten auch Holocaust-Überlebende der Zeremonie bei. Das Mahnmal und der zugehörige „Ort der Information“ ist die zentrale Holocaustgedenkstätte in Deutschland. Betreut wird sie von der Stiftung „Denkmal für die ermordeten Juden Europas“.

Öffnungszeiten Ort der Information:
April bis Sept.,
Di. bis So. 10–20 Uhr;
Okt. bis März,
Di. bis So. 10–19 Uhr.

Berlin vom Wasser aus entdecken

Am Kanzleramt beginnt die einstündige Sightseeing-Tour von Regierungsviertel und Innenstadt.

Zu Beginn sind das Haus der Kulturen der Welt, die „schwangere Auster", und der Hauptbahnhof zu sehen. Das Schiff durchquert das Regierungsviertel mit seinen architektonischen Highlights, dem Reichstagsgebäude, Paul-Löbe-Haus, Marie-Elisabeth-Lüders-Haus und Kanzleramt. Dann rücken die Museumsinsel und der Berliner Dom ins Blickfeld. Vorbei geht es dann am Humboldt Forum und dem historischen Nikolaiviertel zur Mühlendammschleuse. Von hier aus geht es zurück zum Kanzleramt.

Restaurant
A RIVA

Essen, Trinken & Durchatmen

Ein kulinarischer Abzweig

Schönwetter
Küche: ***Cocktails & Grill unter freiem Himmel***
Spezialität: ***BBQ***
Preis: ***mittel***
Übernachtungsmöglichkeit: ***nein***

Schönwetter
Bernauer Straße 63
13355 Berlin
Tel. +49 30 46777130
www.schoenwetter-berlin.de

Reinhard Bär Restaurant und Café
Küche: ***international***
Spezialität:
mediterraner Fischeintopf
Preis: ***mittel***
Übernachtungsmöglichkeit: ***nein***

Reinhard Bär Restaurant
und Café
Am Hamburger Bahnhof 4
10557 Berlin
Tel. +49 30 92038237
www.reinhard-baer.berlin

Der
Berliner Mauerweg

Teil 2

Roadbook

MITTE
Hauptbahnhof
Bellevue
Charité
Neue Synagoge
Mitte
Bodemus.
Friedrichstr.
Pergamonmus.
Museumsinsel
Fernseh-turm
Alexanderplatz
Berliner Dom
Bundeskanzleramt
Reichstag
Schloss Bellevue
Haus d. Kulturen d. Welt
Sowjet. Ehrenmal
Humboldt-Univ.
Kronpr.-palais
Altes Mus.
Humboldt-forum
Rotes Raths.
Großer Stern
Siegessäule
2/5
34
Brandenburger Tor
Franz. Dom
Galgenhaus
Fischer-insel
Holocaust-Mahnmal
Dt. Dom
Nikolaihaus
Tiergarten
Potsdamer Platz
Mus. für Kommunikation
Haus am Checkpoint Charlie
Philharmonie
START / ZIEL
Schulmuseum
Märkisches Museum
Bauhaus-Archiv Museum
Neue National-galerie
Martin-Gropius-Bau
Topogr. d. Terrors
Landwehrkanal
Jüd. Mus.
Tempodrom
-KREUZBERG
Deutsches Technikmus.
Prinzenbad
Beach-park
-SCHÖNEBERG
Wasserturm
Luftbrücken-denkmal
Volkspark Hasenheide
68
52
44
43
Bright Site
Gasometer
Schöneberg
Sachsendamm
96
Freizeitgelände Tempelhofer Feld
FRIEDRICHSHAIN-
Volkspark Friedrichshain
Freilichtbühne
78
37
48
96a
Storkower Straße
Frankfurter Allee
Ostbahnhof
36
Warschauer Straße
Mercedes-Benz-Arena
Der Kegel
East Side Gallery
Spree
Ostkreuz
Rummelsburger See
Gö-litzer Park
35
Wachturm
Alt-Treptow
Treptower Park
Sowjetisches Ehrenmal
Sternwarte
Neukölln
Neuköllner Schiffahrtskanal
Puppentheater-Museum
BOULDERGARTEN
Plänterwald

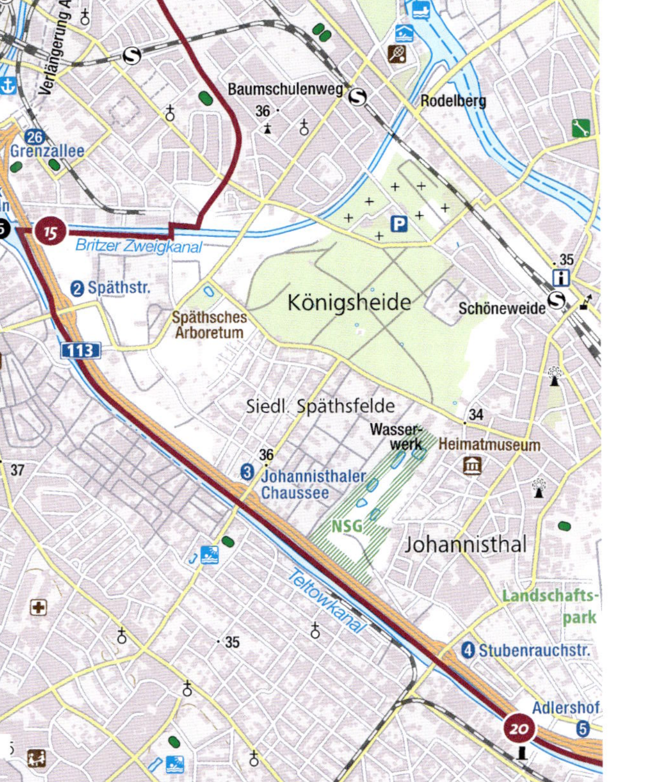

Start

❶ **Start Potsdamer Platz**. Richtung Süden zur *Stresemannstraße* bis *Niederkirchnerstraße* → links einbiegen (links **Abgeordnetenhaus** von Berlin, rechts **Gropius-Bau, Dokumentationszentrum Topographie des Terrors mit Berliner Mauer**) → geradeaus in *Zimmerstraße* (links **Weltballon**, rechts **Trabi-Museum**) → **Checkpoint Charlie** an *Friedrichstraße* (links **Black Box Kalter Krieg**) → **Mahnmal Peter Fechter** → an *Axel-Springer-Straße* links → an *Kommandantenstraße* rechts → links in *Alte Jakobstraße* → rechts in *Stallschreiberstraße* bis *Alexandrinenstraße* → links bis *Sebastianstraße* → an *Sebastianstraße* rechts → *Heinrich-Heine-Straße* queren bis *Luckauer Straße* →

❷ links und hinter **Kirche** in *Waldemarstraße* bis **Rosengarten** (Blick zur **Kirche St. Michael**) → links in *Leuschnerdamm* zum **Engelbecken** → rechts auf *Bethaniendamm* an **St. Thomas** vorbei → *Köpenicker Straße* queren → auf *Schillingbrücke* **Spree** queren → am *Stralauer Platz* rechts → geradeaus in *Mühlenstraße* zur **East-Side-Galery** am Ufer (**Strandbars** am Ufer, links **Mercedes Benz Arena Berlin**) →

❸ an *Oberbaumbrücke* rechts über Spree → rechts halten zur *Falckensteinstraße* → links in *Schlesische Straße* → auf *Schlesische Brücke* über **Landwehrkanal** → hinter *Obere Freiarchenbrücke* rechts am **Flutgraben** entlang zur *Treptower Brücke* → geradeaus auf *Wiesenufer* dem

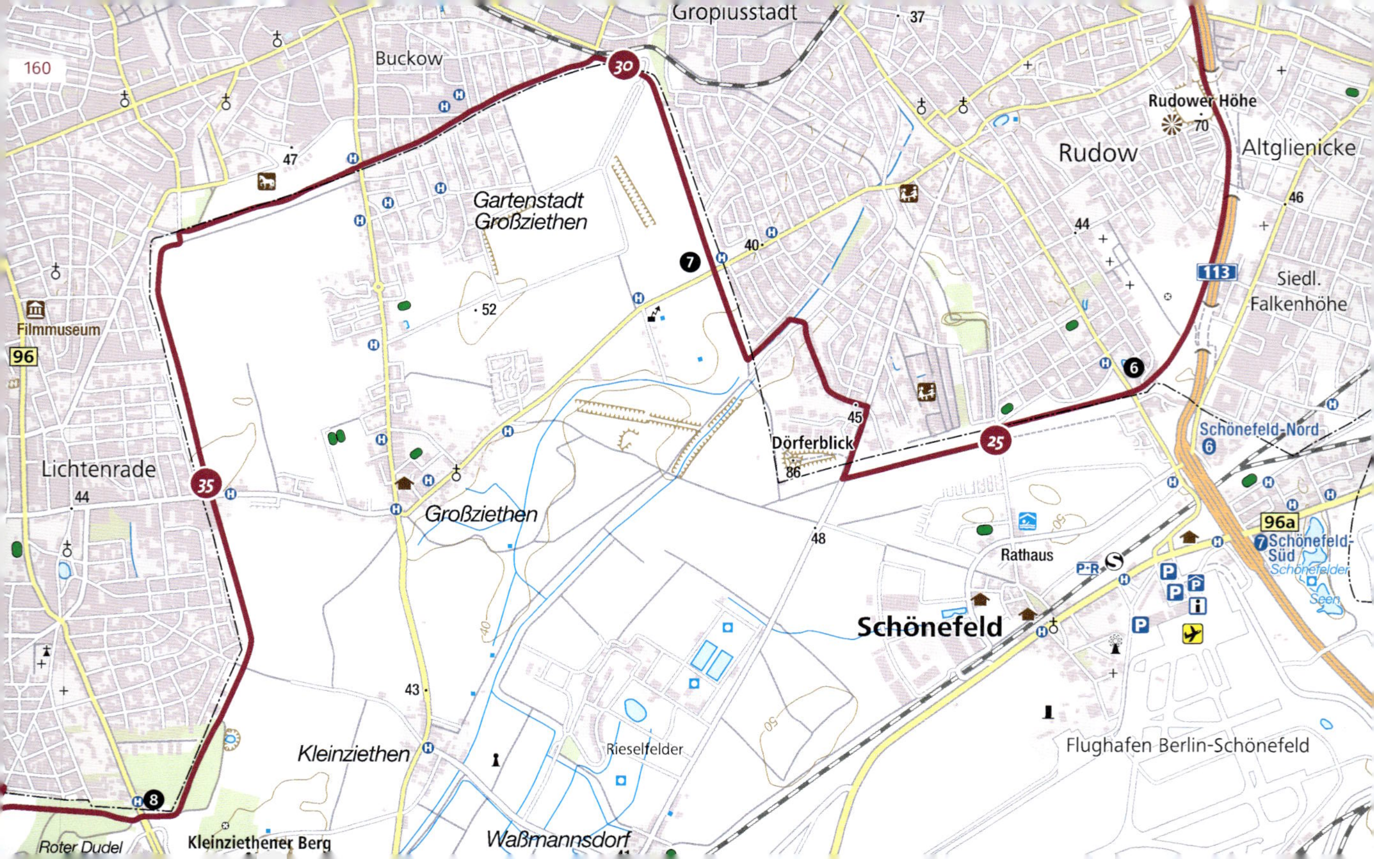

Gropiusstadt
Buckow
Rudower Höhe
Rudow
Altglienicke
Gartenstadt Großziethen
113
Siedl. Falkenhöhe
Filmmuseum
96
Dörferblick
Schönefeld-Nord
Lichtenrade
Großziethen
96a
Schönefeld-Süd
Schönefelder Seen
Rathaus
Schönefeld
Flughafen Berlin-Schönefeld
Kleinziethen
Rieselfelder
Roter Dudel
Kleinziethener Berg
Waßmannsdorf

Landwehrkanal folgen → an *Lohmühlenbrücke* rechts halten in *Harzer Straße* → folgen bis *Bouchéstraße* → links in *Bouchéstraße* bis *Heidelberger Straße* → rechts folgen bis *Treptower Straße* → links bis *Kiefholzstraße* →

❹ rechts *Bahnbrücke* unterfahren → auf *Kiefholzstraße* bis **Mahnmal für die Maueropfer** → rechts auf Radweg durch Grünzug am *Heidekampgraben* bis *Sonnenallee* → geradeaus bis *Neuköllnische Allee* → rechts bis *Chris-Gueffroy-Allee* → links zum *Britzer Zweigkanal* und **Chris-Gueffroy-Brücke** → Kanal queren und rechts zum **Denkmal Chris Gueffroy** → Kanalufer folgen →

❺ Autobahn unterfahren → am *Teltowkanal* und Autobahn entlang bis *Teltowkanalbrücke* → unter Brücke links Straße *Ernst-Ruska-Ufer* queren → unter Autobahn rechts hinauf zur Radbrücke über den *Teltowkanal* → auf Radweg bis *Rudower Straße* → Straße queren geradeaus an *Rudower Höhe* vorbei → weiter an Autobahn entlang → an AB-Tunnel geradeaus durch **Landschaftspark Rudow** bis *Waltersdorfer Chaussee* →

❻ geradeaus bis *Schönefelder Straße* → geradeaus bis an Kleingartenanlage → schmaler Weg links gleich rechts → Weg folgen bis *Rudower Straße* → geradeaus bis *Wendehammer* → Weg rechts durch Parkanlage (Aussichtsberg **Rudower Dörferblick**) → *Rudower Damm/Klein Ziethe-*

Gut Düppel
Zehlendorf
-ZEHLENDORF
43
Lichterfelde
Lichterfelde-Ost
Lankwitz
Museumsdorf Düppel
Kraftwerk
40
Osdorfer Str.
Lilienthal-Gedenkstätte
44
Schönow
Lichterfelde Süd
Kleinmachnow
SEEHOF
Gutspark Osdorf
Seeberg
63
Hakeburg
40
50
Vogelpark Teltow
Teltow-Stadt
46
Machnower See
Sigridshorst
Bäkemühle
TELTOW
101
Heinersdorf
Teltow
Stahnsdorf
Birkenhain
1
60
55
50
12
11
4
3

ner Weg queren → geradeaus *Groß Ziethener Chaussee* queren →

❼ geradeaus → *Kölner Damm* vor Bahnübergang queren → *Ringslebenstraße* folgen → an *Stuthirtenweg* links bis *Buckower Damm* → geradeaus auf Radweg bis Findlingsgruppe → links dann auf Weg rechts halten bis *Lichtenrader Chaussee* →

❽ Straße queren auf Radweg → Weg folgen bis *Kirchhainer Damm* (**Mauerdenkmal**) → *B96* unterfahren geradeaus → am **Maueropferdenkmal** rechts zur *Paplitzer Straße* → links in *Petkusser Straße* bis *Horstwalder Straße* → rechts halten in *Goltzstraße* → links in *Briesingstraße* bis *Bahnhofstraße* → links

❾ S-Bahnhof **Lichtenrade/Ziel.**

Kapitel 2: Von Lichtenrade nach Wannsee

Start

❶ S-Bahnhof **Lichtenrade** → am Bahnübergang rechts in *Prinzessinnenstraße* bis *Hilbertstraße* → links in *Hilbertstraße* wird *Mozartstraße* bis **Grünzug** Stadtgrenze → rechts auf Radweg → Weg scharf rechts folgen → geradeaus auf ehemaligen **Postenweg der DDR** → links dem Weg im **Grünzug** folgen → scharf rechts → links bis *B101 Marienfelder Allee* →

❷ *B101* queren links gleich rechts → Weg geradeaus → vor Siedlung links bis *Osdorfer Straße* (**Mauerdenkmal**) → geradeaus bis Anfang *Kirschbaumallee* → scharf rechts durch *Kirschbaumallee* → Bahnbrücken unterfahren → geradeaus bis *Lichterfelder Allee* (**Mauerdenkmal**) →

❸ geradeaus in *Paul-Gerhardt-Straße* → vor **Teltowkanal** links (**Opferdenkmal**) → auf Weg am Kanal bis *Teltower Damm* (**Opferdenkmal**) → rechts über *Knesebeckbrücke* → links Uferweg folgen bis *Sachtlebenstraße* → auf *Sachtlebenstraße* bis vor Kleintierzüchter-Verein → links gleich rechts (Kleingärten, Sportanlage) bis *Machnower Straße*

❹ → *Machnower Straße* rechts auf Radweg bis *Ludwigsfelder Straße* → an *Ludwigsfelder Straße* links auf Radweg → an *Neuruppiner Straße* links bis *Berlepschstraße* → links bis *Benschallee* (**Opferdenkmal**) → *Benschallee* rechts bis *Königsweg* im **Grünzug** → links auf *Königsweg* bis an Autobahn (**ehemaliger Grenzübergang Dreilinden**) →

❺ an Autobahn links (**Panzerdenkmal**) bis *Stahnsdorfer Damm* → rechts über Autobahn (**Erinnerungsstätte Checkpoint Bravo**) geradeaus bis *Königsweg* im **Forst Düppel** → rechts bis Brücke ehemalige Friedrichsbahn → nach Brücke links → an Lichtung rechts → auf Weg (**Brückentorso**) bis über *Teltowkanal* (*ehemaliger Grenzübergang*) →

❻ an *Albrechts Teerofen* rechts zum Kanal → am *Kremnitzufer* bis Siedlung und *Königsweg* (Infotafel Steinstücken) → geradeaus Bahnbrücken unterfahren → an *Neue Kreisstraße* links bis *Stubenrauchstraße* → rechts und Straße folgen bis Einmündung *Rudolf-Breitscheid-Straße* → rechts einbiegen → an *Karl-Marx-Straße* rechts → von *Karl-Marx-Straße* rechts in *Virchowstraße* → an Einmündung mit *Karl-Marx-Straße* rechts →

7 auf *Karl-Marx-Straße* bis *Allee nach Glienicke* → rechts am Parkplatz links in *Lankestraße* über *Teltowkanal* (**Dreischlösserblick**) → *Waldmüllerstraße* links zu **Jagdschloss Glienicke** → rechts umfahren → auf *Mövenstraße* zu *B1 Königstraße* → links auf Radweg zu

1 **Rundtour Wannsee – Potsdam – Kladow – Wannsee:** siehe die nächsten zwei Doppelseiten

8 vor *Glienicker Brücke* rechts auf Radweg (**Schlosspark**) → am *Havelufer* entlang (Fähranlger Krughorn) zum **Forsthaus Moorlake** (Gasthaus) → links weiter am *Havelufer* zum *Wirtshaus zur Pfaueninsel* (links Fähre zur Pfaueninsel) →

1 **Abstecher Blockhaus Nikolskoe:** Rechts auf *Nikolskoer Weg* zum

2 *Gasthaus Blockhaus Nikolskoe* und **Kirche St. Peter und Paul** → gleicher Weg zurück →

rechts zu *Pfaueninselchaussee* bis *Königstraße* in **Wannsee** → links an *B1* auf Radweg (Krankenhaus) bis *Kronprinzessinnenweg* → links Straße queren auf Radweg zur **Fähre Wannsee-Alt Kladow** →

Sacrower See
Zedlitzberg
und
Königswald
Sacrow
Rest. zum
Sacrower See
Sacrower
Lanke
Meedehorn
Schloss & Park
Sacrow
Heilandskirche
Jungfern-
see
Krughorn
Havel
Schwemmhorn
Kälberwerder
Großes Tiefehorn
Pfaueninsel
Park
Pfaueninsel
NSG
Nikolskoe
St. Peter und Paul
Berliner
Forst
Park
Glienicke
Schloss
Glienicke
Glienicker
Brücke
Klein Glienicke
Jagdschloss Glienicke
Prinz Leopold
Schloss Babelsberg
Schlosspark
Sternwarte
Flatowturm
-NORD
Schäferberg
Erdfunkstelle
Hirschberg
Stölpchensee
Concorde
Hotel Forsthaus
Griebnitzsee
Kohlhasenbrück
S-Bahn
Museum
Griebnitzsee
Strandbad
Wannsee
Heckeshorn
Flensburger
Löwe
Haus d. Wannsee-
konferenz
Liebermann-
Villa
Großer
Wannsee
Wannsee
Wannsee
Start/Ziel
Kleist-
grab
Kleiner Wannsee
Pohlesee
Düppel
Waldweg Dreilinden
Dreilinden
Teltowkanal
NSG
Bogen
schießen
Albrechts-Teerofen
Grunewald
Spanische
Allee
Nikolassee
Nikolassee
Nikolas-
see
Schlachtensee
Schlachtensee
Kreuz
Zehlendorf
Europaparc
Kleinmachnow
Kleinmachnow
E51
115

Krampnitzberg
GROSS GLIENICKE
Gatow
alte Funkstation
Schilfdachkirche
Erlebnisstraße der Deutschen Einheit
Bullenwinkel
Syrtaki
Glienicker See
Kladow
Krampnitz
Krampnitzer See
Havel
Schwanenwerder
Imchen
Klare Lanke
Hottengrund
Kasernengelände
Quastenhorn
Lehnitzsee
Siemensvilla
Römerschanze (Königswall)
NSG
Sacrower See
Luisenberg
Schwemmhorn
Kälberwerder
Großes Tiefehorn
Strandbad Wannsee
Zedlitzberg
Königswald
und Königswald
Großes Horn
Pfaueninsel
Park Pfaueninsel
Heckeshorn
Flensburger Löwe
Haus d.Wannsee-konferenz
Sacrow
Rest. zum Sacrower See
Sacrower Lanke
Meedehorn
Liebermann-Villa
Großer Wannsee
Erlebnisstr. d. Deutschen Einheit
Schwarzer Berg
Schloss & Park Sacrow
POTSDAM-NORD
Villa Jacobs
Heilandskirche
Jungfernsee
Nikolskoe
St. Peter und Paul
Moorlake
Nauener Vorstadt
Krughorn
Berliner
Wannsee
Start/Ziel
Volkspark Potsdam
Quappenhorn
Pfingstberg
Schloss Cecilienhof
Park
Schäferberg
Kleistgrab
Naturerlebniswelt
Heiliger See

Start

1 **Start** S-Bahnhof **Berlin-Wannsee** → *Kronprinzessinenweg* queren → links auf Radweg bis Einmündung *Königstraße* → rechts an *Königstraße* auf Radweg über *Wannseebrücke* bis *Pfaueninselchaussee* → rechts auf *Pfaueninselchaussee* bis Wirtshaus und Fähre **Pfaueninsel** →

2 hinter *Wirtshaus zur Pfaueninsel* links auf Radweg zum **Forsthaus Moorlake** (Gasthaus) → rechts am Ufer entlang bis Glienicker Brücke (**Schloss Glienicke**) → rechts auf Radweg über Glienicker Brücke bis *Schwanenallee* (**Museum Villa Schöningen**) → rechts in *Schwanenallee* bis Häuserdurchfahrt links zur *Böcklinstraße* →

3 *Böcklinstraße* folgen bis *Seestraße* → links halten auf *Seestraße* bis *Mangerstraße* → rechts in *Mangerstraße* bis *Behlertstraße* → Straße queren zur *Kurfürstenstraße* → rechts auf Radweg entlang *Kurfürstenstraße* bis **Nauener Tor** → geradeaus jetzt auf Radweg an *Hegelallee* bis *Schopenhauerstraße* → rechts auf Radweg entlang vorbei am Jägertor *Schopenhauerstraße* (links **Friedenskirche, Schlossgarten, Schloss Sanssouci**) →

4 *Voltaireweg* rechts bis *Jägerallee* → Jägerallee queren zu *Reiterweg* → heißt ab Straßenbahn *Alleestraße* → am **Portierhaus** rechts in den **Neuen Garten** zum **Marmorpalais** → geradeaus am **Heiliger See** entlang → dann links halten zum **Schloss Cecilienhof** → am **Schloss** links

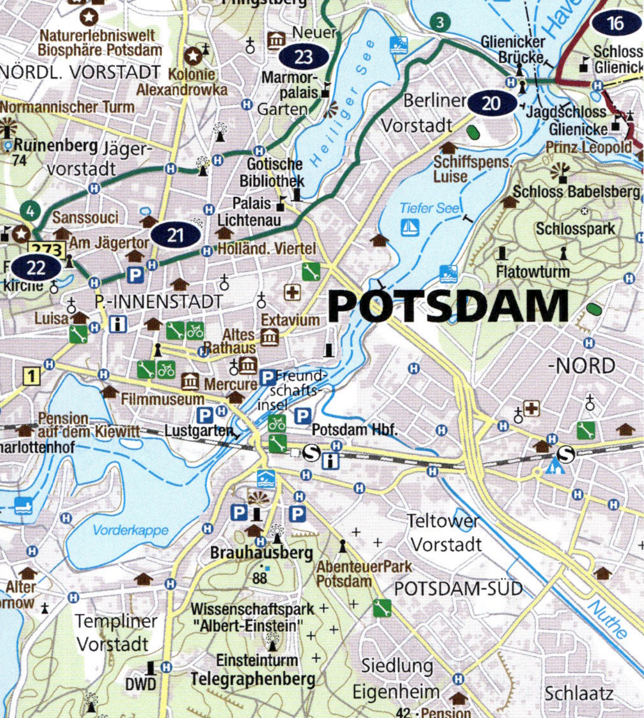

zum *Ökonomieweg* → rechts zur Kreuzung am Gasthaus → rechts in *Bertinistraße* am **Jundfernsee** entlang → nach Kurve (**Wachturm**) rechts direkt ans Ufer → Weg folgen bis Einmündung *Nedlitzer Straße* →

5 rechts auf Radweg über Brücke → geradeaus auf Radweg an *B2 Tschudistraße* → über *Nedlitzer Nordbrücke* bis *Heinrich-Heine-Straße* → rechts gleich links auf Weg einbiegen → durch Wald zur *Ganghoferstraße* in Siedlung → auf Ganghoferstraße bis Einmündung mit *B2* → rechts auf Radweg entlang *B2* bis Rotkehlchenweg in **Krampnitz** → rechts in *Rotkehlchenweg* nach **Krampnitz** →

6 rechts in Straße nach **Sacrow** → am **Lehnitzsee** in Kurve rechts auf *Uferweg* → Uferweg mit Hinweis **Heilandskirche** folgen → auf Uferweg am **Jungfernsee** → rechts unterhalb **Schwarzer Berg** zum **Aussichtspunkt** →

7 am Ufer entlang zur **Heilandskirche** → geradeaus zur *Fährstraße* → scharf links zum **Schloss Sacrow** → an *Krampnitzer Straße* rechts durch **Sacrow** → auf *Kladower Straße* durch Wald nach **Berlin-Kladow** → geradeaus auf *Sakrower Landstraße* bis *Sakrower Kirchweg* → rechts einbiegen bis *Imchenallee* **Alt-Kladow** → rechts bis Fähranleger nach **Wannsee** → übersetzen mit Fähre nach **Berlin-Wannsee** zum

8 S-Bahnhof **Berlin-Wannsee/Ziel.**

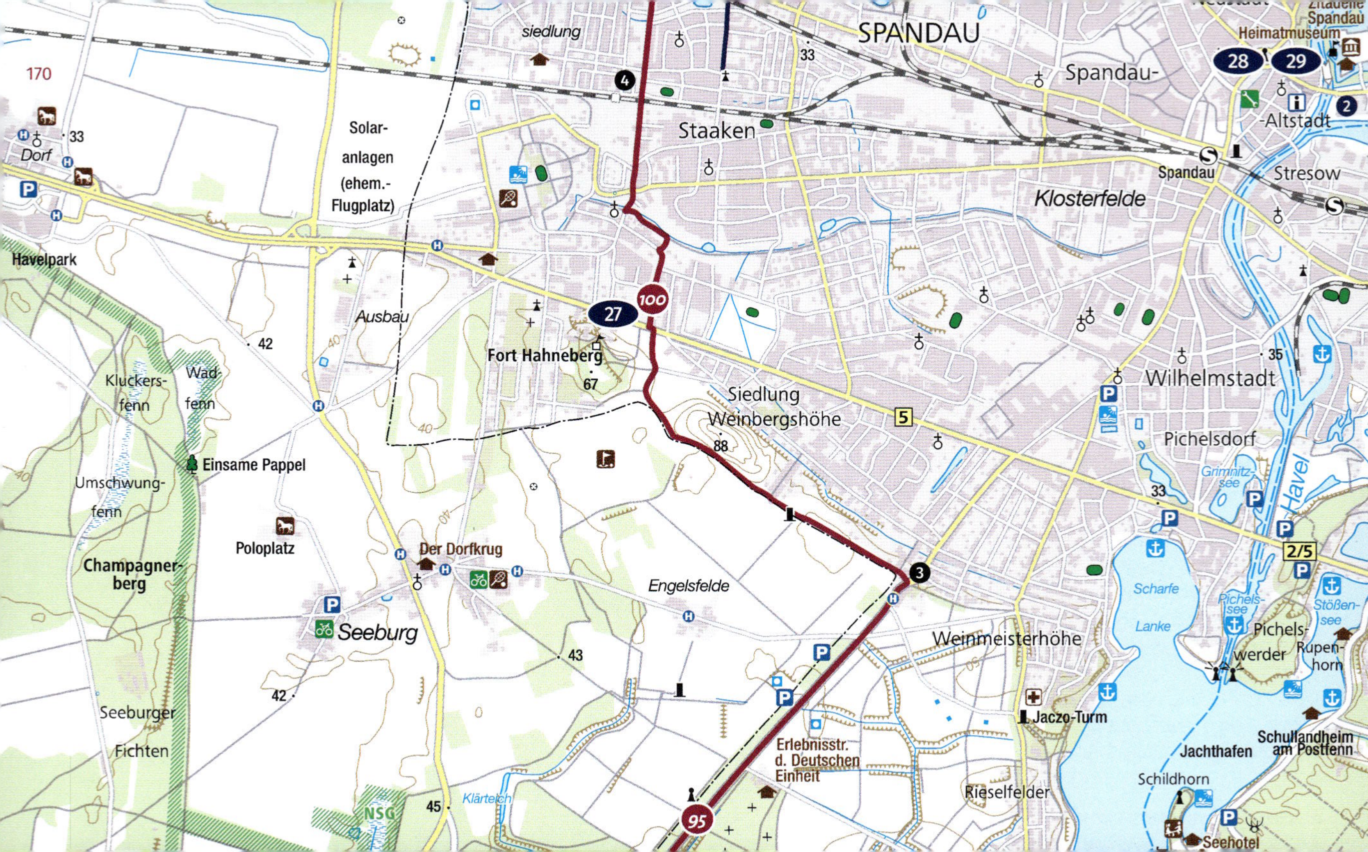
SPANDAU
Spandau-
-Altstadt
Heimatmuseum
Zitadelle Spandau
Stresow
Spandau
Staaken
siedlung
Klosterfelde
Wilhelmstadt
Pichelsdorf
Grimnitz-see
Havel
Scharfe
Lanke
Pichels-see
Pichels-
werder
Stößen-see
Rupen-
horn
Schullandheim am Postfenn
Jachthafen
Schildhorn
Seehotel
Jaczo-Turm
Weinmeisterhöhe
Rieselfelder
Erlebnisstr.
d. Deutschen
Einheit
Siedlung
Weinbergshöhe
Fort Hahneberg
Solar-
anlagen
(ehem.-
Flugplatz)
Ausbau
Dorf
Havelpark
Engelsfelde
Der Dorfkrug
Seeburg
Poloplatz
Einsame Pappel
Kluckers-
fenn
Wad-
fenn
Umschwung-
fenn
Champagner-
berg
Seeburger
Fichten
Klärteich
NSG
28
29
27
100
95
2/5
5

Start

❶ S-Bahnhof **Berlin-Wannsee** → *Kronprinzessinnenweg* queren zu *Ronnebypromenade* **Fähranleger** → mit Fähre über *Großen Wannsee* bis **Kladow** → links auf *Imchenallee* bis *Sakrower Kirchweg* → links bis *Sakrower Landstraße* → an Einmündung links zur **Stadtgrenze Berlin** (**Luisenberg**) → dahinter rechts auf Radweg → dem ehemaligen Kolonnenweg der DDR-Grenzposten folgen → am Campingplatz vorbei nach **Groß-Glienicke** → auf *Braumannweg* geradeaus an *Groß Glienicker See* →

❷ auf *Seepromenade* bis *An der Sporthalle* → an Waldspielplatz rechts zum Ufer → links dem Uferweg folgen bis an *Gutspark Groß Glienicke* → rechts (**Mauerdenkmal**) zum *Ritterfelddamm* → Straße queren nach *Privatstraße* → an *Potsdamer Chaussee B2* auf Radweg entlang → an *Straße 269* rechts, dann links auf Radweg Friedhof passieren → an *Maximilian-Kolbe-Straße* links zur *B2* → auf Radweg rechts *B2* folgen bis **Betriebshof Karolinenenhöhe** vor Siedlung an Stadtgrenze →

❸ *B2* links queren zum *Grenzweg* → auf *Grenzweg* (Radweg) am **Hahneberg** vorbei bis *Peter-Herzog-Weg* (links **Fort Hahneberg**) → Straße queren geradeaus zur *Heerstraße B5* **Berlin-Staaken** → *B5* nach links queren zur *Bergstraße* → in *Bergstraße* bis an scharfe Kurve → in den **Grünzug** bis an Graben → links auf Weg bis *Nennhauser Damm* → auf Radweg rechts zum *Brunsbütteler Damm* →

Brunsbütteler Damm queren, geradeaus in *Nennhauser Damm* wird *Finkenkruger Weg* → ab dort auf Radweg zum

❹ S-Bahnhof **Staaken** → auf Radweg Bahnbrücke überfahren → auf Radweg an *Finkenkruger Weg* bis *Torweg* → geradeaus (Bahnbrücke) zum *Seegefelder Weg* →

❶ **Abstecher zur Spandauer Altstadt und Zitadelle:** Am *Seegeberger Weg* rechts auf Radweg → *Seegeberger Weg* folgen bis *Bahnhof Spandau/Altstädter Ring* → Straße queren zu *Stabholzgarten* → *Stabholzgarten* folgen bis Fußgängerzone **Marktplatz** → geradeaus bis Straße *Am Juliusturm* → rechts über Havel bis **Zitadellenbrücke** → gleicher Weg

❷ zurück →

Straße queren weiter in *Finkenkruger Weg* bis **Grünzug** (**Maueropferdenkmal**) → rechts auf Radweg zur *Spandauer Straße/Falkenseer Chaussee* (**Mauergedenkstein**) → Straße queren → auf Radweg durch **Grünzug** bis *Pestalozzistraße* → rechts auf Radweg an *Pestalozzistraße* entlang →

❺ wenig später rechts in **Grünzug** (**Maueropferdenkmal**) → durch *Spandauer Forst* (Rastplatz) zu **Eiskeller** (**Denkmal Enklave Eiskeller**) → rechts auf *Eiskellerweg* → rechts am Kanal entlang bis *Berliner Allee/Schönwalder Allee* (**Maueropferdenkmal**) → kurz links auf Radweg →

❻ Straße rechts queren zum Weg in **Grünzug** → am **Laßzinssee** entlang → durch Forst zum *Oberjägerweg* → geradeaus zur *Niederneuendorfer Allee* → rechts wenig später Straße links queren → auf Weg zur **Bürgerablage** an **Havelstrand** (Gasthaus) →

❼ links durch den Forst zur Siedlung **Papenberge** → auf *Uferpromenade* (**Grenzturm**) an **Nieder Neuendorfer See** entlang → an *Spandauer Allee* (**Nieder Neuendorf**) rechts auf Radweg über Brücke mit **Havelkanal** →

❽ an *Walter-Kleinow-Ring* scharf rechts zurück ans Ufer → links Ufer am **Oder-Havel-Kanal** folgen (**Maueropferdenkmal**) → Kanalabzweig umfahren und Bahnbrücke unterfahren zur *Uferpromenade* → an *Hafenstraße* (**Marina Hennigsdorf**) links → *Hauptstraße* queren zu *Ludwig-Lesser-Straße* und

❾ S-Bahnhof **Hennigsdorf/Ziel.**

Start

❶ S-Bahnhof **Hennigsdorf** → *Rathausplatz* rechts (**Rathaus**) zur *Ludwig-Lesser-Straße* bis *Hauptstraße* → Straße halb links queren zur *Hafenstraße* → auf *Hafenstraße* über Brücke bis *Ruppiner Straße* → rechts auf Radweg über Brücke bis Kreisverkehr → an Kreisverkehr *Ruppiner Straße* queren → auf Radweg Straße folgen (**Mauerdenkmal**) an Stadtgrenze **Berlin** →

❷ kurz dahinter links an Stolpe-Süd vorbei zur Autobahn → Autobahnbrücke überfahren und links halten → nach Stadtgrenze rechts auf Radweg bis vor Stadtgrenze **Berlin-Frohnau** → links dem Grenzstreifen folgen zum **Friedhof Frohnau** → vor Golfplatz rechts und Radweg an Stadtgrenze und Bahnlinie folgen →

❸ auf Weg rechts zur **Invalidensiedlung** links → an Straße *Invalidensiedlung* links → an Kurve links (**Maueropferdenkmal**) zur *Florastraße* → am Kreisverkehr rechts zur *Berliner Straße B96* → Straße queren auf Radweg an *B96* bis *Utestraße* → an Kreuzung *Klarastraße* links (**Maueropferdenkmal**) → an *Waldjugendweg* rechts (**Grenzturm**) → am Wegende rechts, dann links zum **Hubertussee** → **Hubertussee** umfahren → dann links gleich rechts in *Jägersteig* → an Wegkreuzung mit *Hubertusweg* (**Künstlerhof Frohnau**) links →

❹ wenig später Weg links folgen zum *Geierpfad* in **Berlin-Frohnau** → an *Schwarzkittelweg* links dann rechts in *Bieselheider Weg* → *Schönfließer Straße* queren und geradeaus → an *Bundschuhweg* rechts zu *Oranienburger Chaussee B96* → Straße queren links auf Radweg *B96* folgen (**Maueropferdenkmal**) →

❶ **Abstecher zum Buddhatempel:** Am *Edelhofdamm* (**Maueropferdenkmal**) rechts → auf *Edelhofdamm* zum **Tempel** links → gleicher

❷ Weg zurück →

an *B96* bis *Veltheimstraße* (**Entenschnabel**) →

❺ links *Veltheimstraße* folgen bis *Schildower Straße* → links über Stadtgrenze (**Glienicke/Nordbahn**) in *Alte Schildower Straße* → an *Moskauer Straße* rechts auf Weg zu *Alte Schildower Straße* → in *Alte Schildower Straße* bis *Hermsdorfer Straße* → rechts einbiegen gleich rechts in *Kurze Straße* → links in *Wiesenstraße* → geradeaus zum **Tegeler Fließ** → am Wegende rechts am **Köppchensee** entlang →

❸ **Abstecher Alt-Lübars:** An Kreuzung mit *Schildower Weg* rechts → an *Blankenfelder Chaussee* links bis **Alt-Lübars** (Gasthaus) → gleicher

Hennigsdorf
Start/Ziel
Veltener Stichkanal
Havel
Oder-Havel-Kanal
Halde
Gewerbegebiet Nord
Bombardier Transportation
Neubrück
Climb Up Kletterwelt
NSG
STOLPE-SÜD
Heiligensee
Stolper Heide
Deutsche Tonstr.
Kippe
STOLPE
Stolpe
111
E26
Raststätte Stolper Heide
Berliner Golfclub Stolper Heide
Invalidensiedlung
Neuendorf-West
Bel Paese
Café
ehem. Wachturm
Naturschutzzentrum
Gr. Rotpfuhl
Hertha-siedlung
Gallberge
Künstlerhof Frohnau
Bieselfließ
Bieselheide
Loreleiberge
Frohe Aue
Poloplatz
96
Buddhist. Haus
Glienicke/ Nordbahn
Wald-see
Hermsdorf

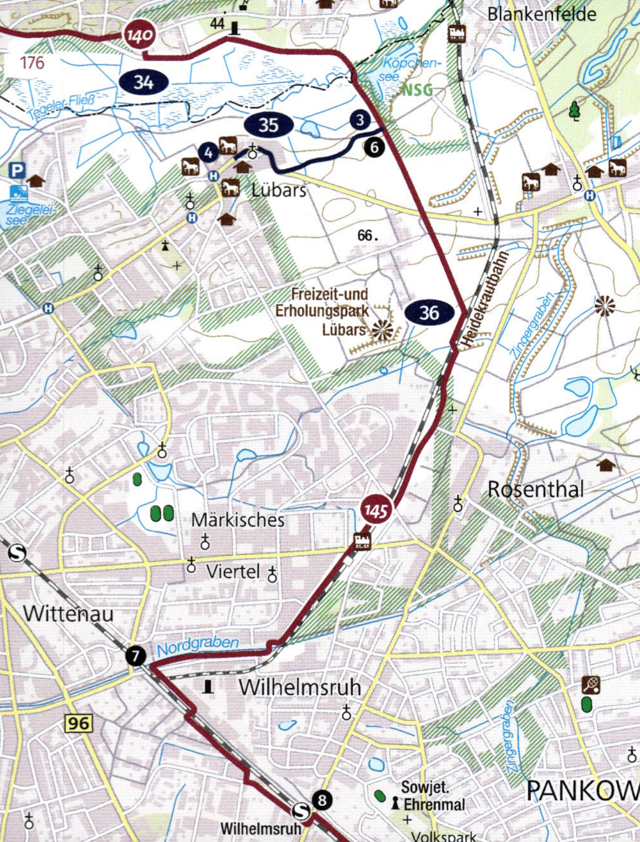

❹ Weg zurück →

❻ geradeaus bis *Bahnhofstraße* → Straße queren an Bahnlinie (Heidekrautbahn) rechts → am Bahnübergang links der Bahn folgen bis *Quickborner Straße* → rechts über Bahnübergang → gleich links der Bahn folgen (rechts **Märkisches Viertel**) → *Wilhelmsruher Damm* queren → geradeaus bis Kurve am *Nordgraben* → links *Nordgraben* queren und weiter bis *Heinz-Brandt-Straße* → geradeaus auf Radweg bis an Bahnbrücke →

❼ links auf Weg bis Bahnunterführung → rechts gleich links der Bahn folgen → an *Lengeder Straße* geradeaus (S-Bahnhof **Wilhelmsruh**) → *Kopenhagener Straße* links → nach Bahnunterführung rechts Bahn folgen → an *Klemkestraße* links (**Mauerpferdenkmal**) → vor Mauer-Info-Tafel rechts → auf Weg Supermarkt umfahren zu *Provinzstraße* → Straße queren zu *Buddestraße* → dann in *Schützenstraße* und links →

❺ **Abstecher zum Schloss Schönhausen:** An Bahnbrücke links → in *Wilhelm-Kuhr-Straße* bis *Kreuzstraße* → links bis *Schönholzer Straße* → Straße queren zu *Parkstraße* → geradeaus bis *Ossietzkystraße* → links zum **Museum „Die Pankower Machthaber“** und **Schloss Schönhausen** →

❻ Weg zurück →

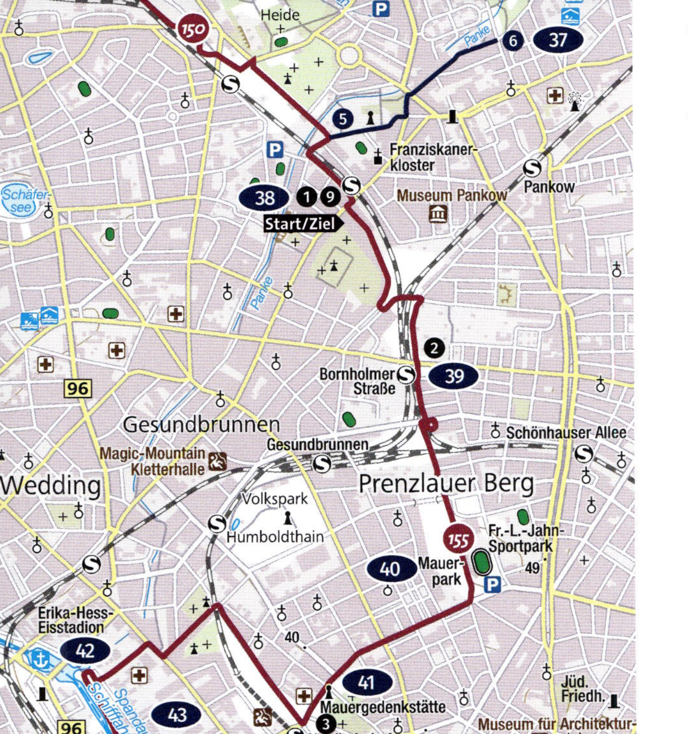

❽ vor Friedhof rechts auf Weg bis **Bürgerpark Pankow** → von *Am Bürgerpark* rechts in *Wilhelm-Kuhr-Straße* →

❾ rechts Bahn unterfahren → rechts in *Nordbahnstraße* zum **S-Bahnhof Wollankstraße (Pankow)/Ziel.**

Kapitel 6: **Von Pankow zum Potsdamer Platz**

Start

❶ **S-Bahnhof Wollankstraße** → Auf *Nordbahnstraße* zur *Wollankstraße* → rechts und Straße queren zur *Steegerstraße* → *Steegerstraße* folgen bis an *Grüntaler Straße* → links und wieder links in *Grüntaler Straße* → Bahnbrücken unterfahren → danach rechts vor Kleingartenanlage auf Weg zur *Bornholmer Straße* (**ehemaliger Grenzübergang, Mauerdenkmal**) →

❷ Straße queren und in *Norweger Straße* zur *Behmstraße* → Brücke unterfahren und links auf Brücke → links gleich wieder links auf *Schwedter Steg* → über Bahngelände zur *Schwedter Straße* → *Gleimstraße* queren zum **Mauerpark** (**Mauerdenkmal, Jahn-Stadion**) → rechts *Bernauer Straße* folgen (**Maueropferdenkmal, Mauer-Geschichtsmeile**) → *Brunnenstraße* queren (Gedenktafel Tunnelflucht) → *Ackerstraße* queren (*Gedenkstätte Berliner Mauer*) →

❸ an *Gartenstraße* rechts (**Besucherzentrum Gedenkstätte**) → an Bahnbrücke links zur *Liesenstraße* → in *Liesenstraße* bis *Chausseestraße* → rechts und an

MITTE
Hauptbahnhof
Charité
Mitte
Neue Synagoge
Friedrichstr.
Bodemus.
Pergamon-mus.
Museumsinsel
Fernseh-turm
Alexanderplatz
Berliner Dom
Rotes Raths.
Bellevue
Bundes-kanzleramt
Reichstag
Schloss Bellevue
Spree
Haus d. Kulturen d. Welt
Sowjet. Ehrenmal
Humboldt-Univ.
Kronpr.-palais
Altes Mus.
Humboldt-forum
Großer Stern
Siegessäule
Brandenburger Tor
Franz. Dom
Galgenhaus
Fischer-insel
Tiergarten
Holocaust-Mahnmal
Dt. Dom
Nikolaihaus
Märkisches Museum
Potsdamer Platz
Mus. für Kommunikation
Haus am Checkpoint Charlie
Schulmuseum
Philharmonie
START / ZIEL
Bauhaus-Archiv Museum
Neue National-galerie
Martin-Gropius-Bau
Topogr. d. Terrors
Landwehrkanal
Jüd. Mus.
Tempodrom
Deutsches Technikmus.
Beach-park
Prinzenbad
-SCHÖNEBERG
Wasserturm
Luftbrücken-denkmal
Schöneberg
Gasometer
Bright Site
Sachsendamm
Freizeitgelände Tempelhofer Feld
Volkspark Hasenheide
FRIEDRICHSHAIN-
Volkspark Friedrichshain
Freilichtbühne
Frankfurter Allee
Storkower Straße
Ostbahnhof
Warschauer Straße
Mercedes-Benz-Arena
Der Kegel
East Side Gallery
Ostkreuz
-KREUZBERG
Görlitzer Park
Rummelsburger See
Wachturm
Alt-Treptow
Treptower Park
Sowjetisches Ehrenmal
Sternwarte
Neuköllner Schiffahrtskanal
Neukölln
Puppentheater-Museum
BOULDERGARTEN
Plänterwald

Boyenstraße links → an Einmündung rechts wenig später links in *An der Kieler Brücke* zum **Spandauer Schifffahrtskanal** → Kanal links folgen zum **Wachturm** und **Invalidenfriedhof** → rechts zum Ufer und *Invalidenstraße* (**Bundesministerium für Wirtschaft u. Energie, ehemaliger Grenzübergang**) →

❹ Straße queren zum *Alexanderufer* (**Charité**) → Bahnbrücke unterfahren zu *Kapelle-Ufer* → gegenüber links auf Radweg *Kronprinzenbrücke* unterfahren (**Bundespressekonferenz**) → am Ufer in *Schiffbauerdamm* hinauf zur *Marschallbrücke* → Spree queren und gleich rechts zum *Reichstagsufer* → an *Friedrich-Ebert-Platz* links (**Reichstagsgebäude**) bis Kreuzung → rechts in *Scheidemannstraße* zum

❶ **Abstecher Tiergarten:** *Scheidemannstraße* geradeaus zu *Platz der Republik* → halb rechts auf Radweg zum **Carillon** und **Haus der Kulturen der Welt** → Straße links folgen zu *John-Foster-Dulles-Allee* → rechts auf Weg Straße folgen bis *Lutherbrücke* → gegenüber **Schloss Bellevue** →

❷ *Spreeweg* links auf Radweg zur **Siegessäule** → an *Großer Stern Spreeweg* queren → *Straße des 17. Juni* queren → links auf Radweg

❸ *Straße des 17. Juni* folgen zum **Brandenburger Tor** →

❹ **Abstecher zur Museumsinsel und Alexanderplatz:** Durch das **Brandenburger Tor** zur Straße *Unter den Linden* → ihr folgen zum **Schlossplatz** auf **Museumsinsel** → rechts **Humboldt Forum**, links **Berliner Dom** und **Pergamonmuseum** → geradeaus bis **Alexanderplatz** und **Fernsehturm** →

❺ rechts zur *Rathausstraße* zum **Roten Rathaus** → *Spandauer Straße* queren → geradeaus bis Poststraße im **Nikolaiviertel** → links auf *Poststraße* bis *Mühlendamm* → rechts über Spree → entlang *Gertraudenstraße* zum **Spaittelmarkt** → entlang *Leipziger Straße* zum *Leipziger Platz* und

❻ **Potsdamer Platz**

❺ *Scheidemannstraße* queren und in *Simsonweg* (**Sinti- und Roma-Denkmal**) zum **Brandenburger Tor** → rechts und *Straße des 17. Juni* queren → auf Weg weiter *Ebertstraße* folgen (links **Denkmal für die ermordeten Juden Europas**) zur *Lennéstraße* → *Lennéstraße* queren und an *Ebertstraße* zum

❻ **Potsdamer Platz/Ziel.**

Zeit den Akku aufzuladen

Deine Radreise soll ein unvergessliches Erlebnis werden. Dazu gehört auch das aufladen der Akkus sowohl von Mensch als auch Maschine. Verlässliche und aktuelle Informationen hierzu finden sich auf den Seiten der Tourismusverbände und Tourist-Information der Orte.

ANREISE & ABREISE

Vom Hauptbahnhof ist das Regierungsviertel in wenigen Minuten zu Fuß zu erreichen, man kann aber auch bequem in S-Bahn, U-Bahn oder Bus umsteigen.
Weitere Bahnhöfe vor allem für Ausflüge ins Umland sind Alexanderplatz, Ostbahnhof, Südkreuz, Gesundbrunnen, Lichtenberg, Spandau, Südkreuz, Wannsee und Zoologischer Garten.
Fahrplanauskünfte bei der Deutschen Bahn (www.bahn.de).
Der nationale und internationale Busverkehr nutzt den Zentralen Omnibusbahnhof in Charlottenburg in der Nähe des Messegeländes.
Fahrplanauskünfte unter www.iob-berlin.de.

ZENTRALE INFORMATIONSSTELLEN

Hilfreich für Planungen sind die offiziellen Tourismusportale für Berlin und Brandenburg

Visit Berlin
Service Center
Tel. 030/25002333
info@visitberlin.de
www.visitberlin.de

TMB
Tourismus-Marketing
Brandenburg GmbH
Am Neuen Markt 1
14467 Potsdam
Tel. 0331/2004747
www.reiseland-brandenburg.de

ORTE & TOURIST-INFORMATION

BERLIN

Berlin Tourist-Info im Brandenburger Tor
Pariser Platz, südliches Tor
10117 Berlin Mitte
Tel. 030/250025
www.visitberlin.de

Berlin Tourist-Info im Fernsehturm
10178 Berlin Mitte
Tel. 030/250025
www.visitberlin.de

Berlin Tourist-Info im Flughafen Tegel
Terminal A, Gate 1
13405 Berlin Reinickendorf
Tel. 030/250025
www.visitberlin.de

Berlin Tourist-Info im Hbf. Europaplatz
10557 Berlin-Tiergarten
Tel. 030/250025
www.visitberlin.de

Berlin Tourist-Info im Neuen Kranzler Eck
Kurfürstendamm 22,
Passage
10719 Berlin Charlottenburg
Tel. 030/250025
www.visitberlin.de

Berlin Tourist-Infobox
Rankestraße/Kurfürstendamm 1
10789 Charlottenburg
www.visitberlin.de

Tourist-Information Berlin-Brandenburg
Flughafen Schönefeld
Terminal A
Haupthalle, Erdgeschoss, rechts
12521 Berlin
www.visitberlin.de

Touristen-Informationspunkt im Gotischen Haus
Breite Str. 32
13597 Berlin-Spandau
Tel. 030/3339388
www.spandau-tourist-information.de

HENNIGSDORF
Stadtinformation
Rathausplatz 1
16761 Hennigsdorf
Tel. 03302/877320
www.hennigsdorf.de

HOHEN-NEUENDORF
Stadtinformation
Schönfließer Str. 17
16540 Hohen Neuendorf
Tel. 03303/214937

POTSDAM
Tourist-Information
Bahnhofspassagen
(neben Gleis 6)
Babelsberger Straße 16
14467 Potsdam
Tel. 0331/27558899
www.potsdamtourismus.de

TELTOW
Tourist-Information
Marktplatz 1/3
14513 Teltow
Tel. 03328/4781293

FINDE

Deinen Augenblick

Der Autor deiner Abenteuer bist du. Halte sie in unserem neuen Tourenbuch fest und mach deine Bike-Touren unvergesslich.

©mRGB - stock.adobe.com

IMPRESSUM

1. Auflage 2023 Verlagsnummer 6919 ISBN 978-3-99121-600-1

Text: Ralf Enke

Titelbild: Sonnenuntergang in Berlin (© hanohiki - stock.adobe.com)

S. 4/5: © hanohiki – stock.adobe.com
S. 6/7 oben; S. 30/31; S. 32: © Potsdamer Platz
S. 6/7 unten; S. 8/9 unten; S. 35; S. 37; S. 40/41 unten; S. 48/49; S. 84; S. 88/89; S. 90/91; S. 96/97; S. 108; S. 110/111; S. 112/113; S. 150; S. 164: © Christian Nowak
S. 8/9 oben; S. 70/71: © SPSG, Hans Christian Krass
S. 10/11 oben; S. 104/105: © Stephan Laude – stock.adobe.com
S. 10/11 unten; S. 124/125: © Fotograf Claude Castor
S. 12/13: © DisobeyArt – stock.adobe.com
S. 14/15; S. 16/17: © Ira Budanova – stock.adobe.com
S. 18/19: © rustamark – stock.adobe.com
S. 20/21: © YesPhotography – stock.adobe.com
S. 22/23: © dusanpetkovic1 – stock.adobe.com
S. 24/25: © Diamant Fahrradwerke GmbH
S. 26/27: © Pawel Michalowski – stock.adobe.com
S. 33: © imageBROKER / Alamy Stock Foto
S. 34 oben: © Mathias Voelzke
S. 34 unten: © Landesarchiv Berlin, Thomas Platow
S. 36: © East Car Tours GmbH & Co. KG
S. 36/37: © Mauermuseum – Museum Haus am Checkpoint Charlie, Berlin
S. 38/39; S. 60/61: © visumate
S. 40/41 oben; S. 42/43: © Günter Steffen
S. 44/45: © Jens Rötzsch
S. 46/47: © Song about summer – stock.adobe.com
S. 50/51: © Markus Mohn
S. 51: © Wasserstraßen- und Schifffahrtsamt Berlin
S. 52/53 oben & unten: © CHECKPOINT BRAVO e.V.
S. 54/55 Hintergrund; S. 130/131; S. 131 oben & unten: © Stiftung Berliner Mauer, Foto J. Hochmuth
S. 54/55 Vordergrund: © Siemens Historical Institute
S. 56/57; S. 74/75: © SPSG, Leo Seidel
S. 58/59; S. 64/65; S. 78; S. 78/79; S. 80/81: © SPSG, Hans Bach
S. 62/63; S. 94; S. 140; S. 146/147: © visitBerlin, Foto Wolfgang Scholvien
S. 66/67: © VIA Unternehmenskommunikation
S. 68/69: © Grecaud Paul – stock.adobe.com
S. 72/73: © Foto Noshe, 2020
S. 76/77; S. 168: © PMSG, André Stiebitz
S. 83: © Schloss Cecilienhof
S. 86/87: © VICUSCHKA – stock.adobe.com
S. 92/93: © GroeschelBranding
S. 95: © visitBerlin, Dagmar Schwelle
S. 98/99: © Stadt Hennigsdorf, Fotograf Frank Liebke
S. 99: Hans-Uwe Richter – stock.adobe.com
S. 100/101: © kaitilgner – stock.adobe.com
S. 102/103: © Couleur – Pixabay
S. 106: © Sabine Dobre Fotografie
S. 106/107; S. 182/183: © ArTo – stock.adobe.com

Grafische Herstellung: KOMPASS-Karten GmbH
Kartengrundlage für Extra-Tourenkarte: © MairDumont, D-73751 Ostfildern 4

Alle Angaben und Tourenbeschreibungen wurden nach bestem Wissen gemäß unserer derzeitigen Informationslage gemacht. Die Radtouren wurden sehr sorgfältig ausgewählt und beschrieben, Schwierigkeiten werden im Text kurz angegeben. Es können jedoch Änderungen an Wegen und im aktuellen Naturzustand eintreten. Radfahrer und alle Kartenbenützer müssen darauf achten, dass aufgrund ständiger Veränderungen die Wegzustände bezüglich Befahrbarkeit sich nicht mit den Angaben in der Karte decken müssen. Bei der großen Fülle des bearbeiteten Materials sind daher vereinzelte Fehler und Unstimmigkeiten nicht vermeidbar. Die Verwendung dieses Radreiseführers + Extratourenkarte erfolgt ausschließlich auf eigenes Risiko und auf eigene Gefahr, somit eigenverantwortlich. Eine Haftung für etwaige Unfälle oder Schäden jeder Art wird daher nicht übernommen. Für Berichtigungen und Verbesserungsvorschläge ist die Redaktion stets dankbar. Korrekturhinweise bitte an folgende Anschrift:

KOMPASS-KARTEN GMBH
Karl-Kapferer-Straße 5, A-6020 Innsbruck
www.kompass.de/service/kontakt